四川省社会科学规划项目（普及项目）"个税改革知多少"

个税改革知多少

李航星 ◎ 编著

四川大学出版社
SICHUAN UNIVERSITY PRESS

图书在版编目（CIP）数据

个税改革知多少 / 李航星编著. — 成都：四川大学出版社，2023.4
ISBN 978-7-5690-6062-1

Ⅰ.①个… Ⅱ.①李… Ⅲ.①个人所得税－税收改革－基本知识－中国 Ⅳ.①F812.424

中国国家版本馆 CIP 数据核字（2023）第 057067 号

书　　名：	个税改革知多少
	Geshui Gaige Zhi Duoshao
编　　著：	李航星

选题策划：梁　平
责任编辑：梁　平
责任校对：傅　奕
装帧设计：裴菊红
责任印制：王　炜

出版发行：四川大学出版社有限责任公司
　　　　　地址：成都市一环路南一段 24 号（610065）
　　　　　电话：（028）85408311（发行部）、85400276（总编室）
　　　　　电子邮箱：scupress@vip.163.com
　　　　　网址：https://press.scu.edu.cn
印前制作：四川胜翔数码印务设计有限公司
印刷装订：四川煤田地质制图印务有限责任公司

成品尺寸：170 mm×240 mm
印　　张：11.75
字　　数：222 千字
版　　次：2023 年 6 月 第 1 版
印　　次：2023 年 6 月 第 1 次印刷
定　　价：68.00 元

本社图书如有印装质量问题，请联系发行部调换

版权所有 ◆ 侵权必究

扫码获取数字资源

四川大学出版社
微信公众号

课题与书稿负责人　李航星

参加人　张　旭　　王　欢　　朱建萍　　李杨鑫
　　　　　付海芸　　叶　鑫　　田千可　　张　媛
　　　　　邹汶珍　　凌　潇　　王　钦　　余　丹
　　　　　李佳怡

前　言

改革开放 40 多年以来，我国社会经济发生了深刻变化，财税体制必须与此相适应才能更好地推动社会经济发展。我国自从明确提出要建立综合与分类相结合的个人所得税制以来，虽做了诸多尝试与努力，但多方面条件尚未成熟，个人所得税（简称个税）改革的进程仍然较慢。为此，我国税制结构要做根本性调整，这个根本性调整概括起来就是党的十八届三中全会提出的"提高直接税比重"。党的二十大报告进一步提出，"完善个人所得税制度，规范收入分配秩序，规范财富积累机制，保护合法收入，调节过高收入，取缔非法收入"[1]。我们认为要提高直接税比重，完善个人所得税制度，就必须重新审视以往个人所得税改革历程，认清历史、看清现状才能优化改革路径。党的二十大报告指出，"中国共产党的中心任务就是团结带领全国各族人民全面建成社会主义现代化强国、实现第二个百年奋斗目标，以中国式现代化全面推进中华民族伟大复兴"[2]。个人所得税改革既是经济问题、社会问题，也是国家治理问题，对其进行优化改革是中国税制结构根本性调整的关键改革，是财税体制改革必须啃下的硬骨头，有助于提升国家治理水平。

2018 年，新个人所得税改革浪潮涌起，此次改革被认为是我国个人所得税法自 1980 年实施以来的历次改革中，力度最大、涉及面最广、影响最为深远的一次改革。改革的最终效果呈现离不开民众对个人所得税新政策的理解与支持，这对全体纳税人全面理解新个人所得税，遵从应用新个人所得税提出了新要求。

---

[1] 习近平：《高举中国特色社会主义伟大旗帜　为全面建设社会主义现代化国家而团结奋斗——在中国共产党第二十次全国代表大会上的报告》，http://www.gov.cn/gongbao/content/2022/content_5722378.htm.

[2] 习近平：《高举中国特色社会主义伟大旗帜　为全面建设社会主义现代化国家而团结奋斗——在中国共产党第二十次全国代表大会上的报告》，http://www.gov.cn/gongbao/content/2022/content_5722378.htm.

本书基于个人所得税改革的纵深发展，结合改革实践与理论基础，兼顾历史、现实与未来，借鉴国际经验，力求通俗易懂，解答个人所得税实际问题，主要完成了以下几方面的工作：

第一，我国历次个人所得税改革的纵向变化梳理。本书回顾了我国个人所得税的诞生与历次改革，总结了多次改革后个人所得税在税收结构、税源区域、行业贡献等多个方面形成的特征；从改革背景与改革要点两方面梳理个人所得税改革行进至今的历史逻辑，分析各个阶段我国个人所得税的变化状况，站在历史高度，结合现实需要思索本次改革的必然性。

第二，阐述我国最新个人所得税改革的原因、内容与效应。从税源增长、政策目标、改革要求与技术进步四个方面阐述了新个人所得税改革的壮阔背景，从"加""减""乘""除"四个方面通俗剖析新个人所得税改革的具体内容："加法"通过向综合与分类相结合的转换实现了个人所得税制度的进步，"减法"通过费用扣除标准的提高与专项附加扣除的设计做到了为中低收入群体减负，"乘法"通过税率级距的扩大使中低收入者更多地位于低税率档次从而促进税收量能负担原则的充分实现，"除法"通过拓展个人所得税筹划空间以各项扣除实现税收公平。本书认为新个人所得税改革在个人所得税发展进程中承担着两个重要任务：一是实现由分类个人所得税制向综合与分类相结合的个人所得税制的历史转换，二是成为从"逆向缩基"到"正向扩基"的当代拐点。同时结合经典的经济学理论分析新个人所得税改革的收入再分配效应、消费效应与劳动供给效应。

第三，探析新个人所得税改革与国家治理现代化的关系。促进国家治理现代化，全面建成社会主义现代化强国是个人所得税改革的必然遵循。个人所得税改革如何才能推进国家治理现代化，助推全面建成社会主义现代化强国？这是本书的出发点之一。本书认为，个人所得税改革不仅要更好地发挥个人所得税的经济职能，还要发挥好社会职能和国家治理职能，有利于推动国家治理现代化进程，实现中国式现代化。党的十八届三中全会赋予财政"国家治理的基础和重要支柱"的地位。党的十九大报告进一步明确提出加快建立现代财政制度和税收制度改革。再到党的二十大指出优化税制结构，这是中央对改革的新定位，也是对财税改革的新定位，更是我们观察和思考个人所得税改革的出发点和落脚点。由此可见，个人所得税改革不仅要筹集财政收入，更要为实现社会公平、推进国家治理体系和治理能力现代化发挥作用，实现经济职能与社会功能的二元一体。

第四，分析一些国家个人所得税制并展望未来我国个人所得税改革发展。

他山之石，可以攻玉。我国个人所得税改革必须放诸全球税制改革的环境中。本书梳理总结国外个人所得税改革历史和趋势，结合我国实践情况提出构建新时代高质量个人所得税体系的政策建议。本书认为高质量的个人所得税体系不仅包含优越的制度、先进的技术，还应当包含全社会的纳税意识与税收遵从，因此税收征收模式、税率结构、扣除制度如何进一步优化，征管技术如何升级以及税收遵从度如何提升等，都是需要我们系统探索和解决的问题，从而塑造未来个人所得税运行的良好内外生态系统，使其在实现共同富裕的伟大事业中不辱使命。

个人所得税改革是牵一发而动全局的大工程，是政府获取财政收入、调节社会收入差距的主要手段之一，个人所得税作为国家治理的基础性公共政策，在现代税收体系中占据着极其重要的地位，个人所得税改革的成功需要全社会共同参与，需要纳税人的理解与支持。因此个人所得税改革的传播普及非常必要。希望本书能丰富公民的个人所得税基本知识，使其更好地理解国家财税改革政策，为推进国家治理现代化进程贡献一份微薄之力。

目　录

上篇　历史·当下·展望

第一章　中国个人所得税的历史发展 …………………………………（3）
　　第一节　个人所得税的诞生及修改 ………………………………（3）
　　第二节　个人所得税的结构和特征 ………………………………（11）

第二章　新个人所得税法改革的必要性 ………………………………（30）
　　第一节　新个人所得税法改革的时代背景 ………………………（30）
　　第二节　中国税制改革的内在要求 ………………………………（34）

第三章　新个人所得税法改革的政策内涵 ……………………………（40）
　　第一节　新个人所得税法改革的主要内容 ………………………（40）
　　第二节　新个人所得税法改革的模式转换 ………………………（49）

第四章　新个人所得税法改革的经济影响 ……………………………（55）
　　第一节　新个人所得税法改革迈向税基拐点 ……………………（55）
　　第二节　新个人所得税法改革的经济效应 ………………………（66）

第五章　个人所得税改革与国家治理现代化 …………………………（71）
　　第一节　个人所得税改革推进国家治理现代化的内在逻辑 ……（71）
　　第二节　个人所得税改革推进国家治理现代化的改革路径 ……（73）
　　第三节　个人所得税改革推进国家治理现代化的具体表现 ……（77）

第六章　个人所得税改革的国际经验和我国展望 ……………………（81）
　　第一节　个人所得税改革的国际经验 ……………………………（81）
　　第二节　我国个人所得税改革展望 ………………………………（93）

1

下篇　法规·征纳·解惑

第七章　个人所得税计算与申报 (101)
　　第一节　个人所得税计算规则 (101)
　　第二节　个人所得税申报规则 (114)

第八章　个人所得税常见问题解答 (115)
　　第一节　纳税申报处理 (115)
　　第二节　境外所得处理 (131)
　　第三节　退税处理 (136)
　　第四节　非居民个人和无住所居民个人相关政策 (139)
　　第五节　Web端扣缴功能的操作指南 (148)
　　第六节　个人所得税申报情况、个人收入及纳税明细查询 (151)
　　第七节　个人所得税问题咨询平台介绍 (153)

第九章　个人所得税网络资源获取渠道 (155)
　　第一节　国家税务总局官网 (155)
　　第二节　中华人民共和国财政部官网 (157)
　　第三节　各地税务局官网 (158)
　　第四节　12366纳税服务平台 (159)

附录　术语表 (163)

参考文献 (169)

后　　记 (176)

上篇
历史·当下·展望

本部分将通过翔实的讲解和丰富的图表回顾我国个人所得税的历次修改，阐述我国新个人所得税法改革缘起何处，全面解读新个人所得税法改革的内涵和外延，同时分析新个人所得税法改革的经济效应，探讨新个人所得税法改革对推动国家治理现代化进程的独特作用，并置身于全球税制改革的环境中，总结全球个人所得税改革趋势，对构建新时代高质量个人所得税体系提出展望。

第一章　中国个人所得税的历史发展

我国个人所得税开征已四十余年，其既有利于筹集财政收入，也是政府部门用于收入再分配的重要工具。本章将对我国个人所得税诞生与历次改革的历史背景、制度总体运行状况进行简要梳理。由于不同时期的经济社会现状不同，个人所得税定位与功能也有所不同，特从背景与要点两方面回顾政策变化历程，全方位回溯个人所得税的诞生与七次改革，并从收入结构、税源区域、行业贡献、纳税主体和财政贡献共五个方面概括总结出个人所得税七次改革的特征，通过回顾我国个人所得税改革的前世今生，揭开个人所得税神秘的面纱。

第一节　个人所得税的诞生及修改

为了适应对外开放的基本国策，1980年9月，第五届全国人大第三次会议通过了《中华人民共和国个人所得税法》，这是我国第一部由全国人大通过的税收法律，标志着我国个人所得税制度的正式建立。随着个人所得税法的实施，国内对个人所得税制度的基本原则、功能定位、制度设计、经济效应等方面的研究不断深化。随着社会经济快速发展，我国个人所得税制度必须与时俱进。在2018年最新个人所得税法改革之前，我国个人所得税法经历了"三税并征""三税合一""恢复征收储蓄存款利息所得税""费用扣除标准翻倍""降低储蓄存款利息所得税率""再次提高费用扣除标准和暂免征收储蓄存款利息所得税""进一步提高费用扣除标准并调整税率结构"七次改革，见图1—1。梳理自《中华人民共和国个人所得税法》诞生以来的七次改革，有助于更好地认识和理解新个人所得税法改革及其未来发展。

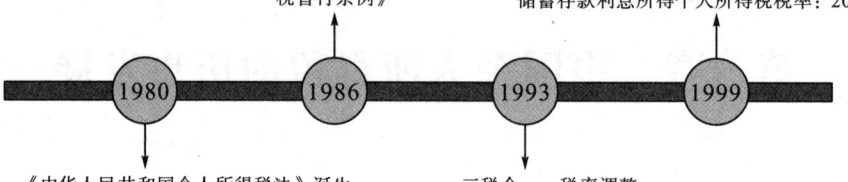

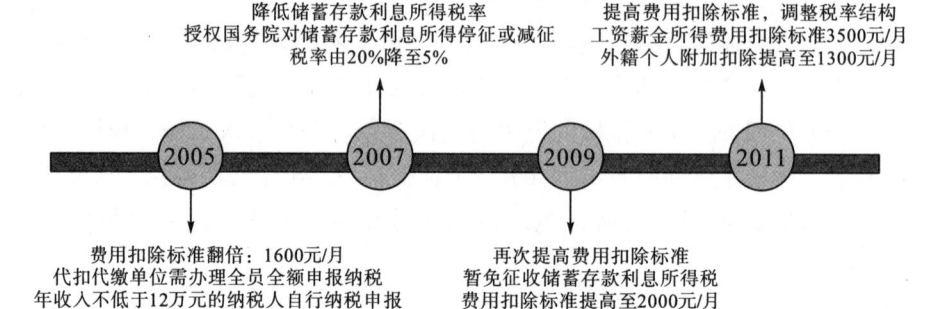

图 1-1 个人所得税的诞生与七次改革

1980
《中华人民共和国个人所得税法》诞生
《中华人民共和国个人所得税法施行细则》
鼓励先富起来的，费用扣除标准：800元/月

1986
一法二条例并行，费用扣除标准内外有别
《中华人民共和国城乡个体工商户所得税暂行条例》
《中华人民共和国个人收入调节税暂行条例》

1993
三税合一，税率调整
《中华人民共和国个人所得税法》
费用扣除标准统一：800元/月

1999
恢复征收储蓄存款利息所得税
《对储蓄存款利息所得征收个人所得税的实施办法》
储蓄存款利息所得个人所得税税率：20%

2005
费用扣除标准翻倍：1600元/月
代扣代缴单位需办理全员全额申报纳税
年收入不低于12万元的纳税人自行纳税申报

2007
降低储蓄存款利息所得税率
授权国务院对储蓄存款利息所得停征或减征
税率由20%降至5%

2009
再次提高费用扣除标准
暂免征收储蓄存款利息所得税
费用扣除标准提高至2000元/月
增加外籍人员费用扣除标准800元/月

2011
提高费用扣除标准，调整税率结构
工资薪金所得费用扣除标准3500元/月
外籍个人附加扣除提高至1300元/月

一、1980年：《中华人民共和国个人所得税法》的诞生

（一）背景：改革开放的催生

新中国成立后不久，我国就设立了相关的税种对个人所得进行征税，但是受制于生产力水平低下、工资低、存款利率低等因素，当时对个人所得进行的征税实际上仅仅针对个体户的经营所得和其他所得，不仅税源较小，征收方式也不规范。党的十一届三中全会吹响了我国全面改革的号角，我国税制开始了重大改革，个人所得税成为独立税种的条件逐渐成熟。

（二）要点：一法一细则，鼓励先富、分类征收

为规范对来华工作的外籍人员所得征税行为，以利于引进人才和维护国家税收权益，1980年9月10日，我国第一部《中华人民共和国个人所得税法》公布，同年12月14日，经国务院批准，财政部公布了《中华人民共和国个人

所得税法施行细则》，正式开征个人所得税，并将费用扣除标准定为每月800元。这是一个当年绝大多数纳税人年收入都难以达到的标准。改革开放鼓励先富起来，个人所得税的诞生之日便深深地打上时代烙印。同时，1980年税法内容中确立的分类征收，奠定了我国后续近40年的分类征收的个人所得税制度基本框架和税制基础。

二、1986年：一改个人所得税法[①]

（一）背景：改革开放大局和实际需要

由于当时生产力水平低下，社会大众月收入大多在800元以下，所以个人所得税法实际上主要针对在华工作的外籍人员，对中国大陆公民来说形同虚设。而改革开放使得一部分人得风气之先，开始"下海"经商，城乡个体工商户越来越多，收入越来越高。如何适当调控过高收入，鼓励先富带后富？个人所得税法实施不久便面临这一重大历史挑战。为了适应改革开放快速形成的个人所得税税源税基在阶层与区域分异、纳税人收入差距逐渐扩大、内外纳税人收入极不平衡的复杂局面，1986年，修改个人所得税势在必行。

（二）要点：一法二条例并行，费用扣除内外有别

为刺激个体工商户的蓬勃发展，加强对其经营所得的征管力度，1986年1月7日，国务院发布了《中华人民共和国城乡个体工商户所得税暂行条例》，对城乡个体工商业户的所得按照十级超额累进所得税税率计算征税，并决定从1986年度起施行。为进一步调节个人收入，同年9月25日，国务院发布《中华人民共和国个人收入调节税暂行条例》，规定自1987年1月1日起，对中国大陆公民的个人收入由征收个人所得税改为征收个人收入调节税，并将费用扣除标准根据地区计税基数降为每月400元至460元不等[②]；而对在华的外籍人士仍继续征收个人所得税，不征收个人收入调节税，并保持每月800元的费用扣除标准不变。这样，我国就形成了个人所得税、城乡个体工商户所得税和个

[①] 1986年的个人所得税修改虽未像后六次个人所得税修改一样直接对个人所得税法进行修改，但其在我国个人所得税制度的发展历程中是举足轻重的一环，因此在梳理个人所得税修改时将其视为第一次修改。

[②] 根据《中华人民共和国个人收入调节税暂行条例》，六类和六类以下工资区的费用扣除标准为400元，七、八类工资区的费用扣除标准为420元，九、十类工资区的费用扣除标准为440元，十一类工资区的费用扣除标准为460元。

人收入调节税三税并征、互不交叉的制度。三税并征的效果立竿见影，1986年全国个人所得税收入高达5.52亿元，是1985年1.32亿元的4.2倍。此后个人所得税收入逐年快速增长，1993年全国个人所得税收入增加至46.82亿元，比1985年增长34.5倍，个人所得税收入占全国税收总收入的比重也从1985年的0.065%上升至1993年的1.1%，提高15.9倍[①]。

三、1993年：二改内外税收，三税合一

（一）背景："三税并征"与社会经济发展的矛盾

在改革开放逐渐深化的进程中，居民的收入水平有了很大提升，我国的社会经济状况也产生了天翻地覆的变化，此时的个人所得税制度逐渐与社会经济发展不相适应。出于内外统一、简化税制、合理发挥个人所得税调节作用的目的，我国对个人所得税法进行了第二次修改。

（二）要点："三税合一"

1993年10月31日，第八届全国人大常委会第四次会议审议通过《关于修改〈中华人民共和国个人所得税法〉的决定》，这是对我国个人所得税制度的重大修改，完成了"三税合一"的历史任务。

该决定提出自1994年1月1日起，将1986年公布的《中华人民共和国城乡个体工商户所得税暂行条例》和《中华人民共和国个人收入调节税暂行条例》以及1980年发布的《中华人民共和国个人所得税法》合并，形成统一规范的《中华人民共和国个人所得税法》，这也就是我们所熟知的"三税合一"。

新的个人所得税法一方面保留了每月800元的费用扣除标准，另一方面对各项所得适用的税率进行了改革调整。其中，工资、薪金所得适用5%至45%的九级超额累进税率，个体工商户的生产、经营所得以及对企业、事业单位的承包经营、承租经营所得适用5%至35%的五级超额累进税率，其余八类所得均适用20%的比例税率。此外，对于在中国境内工作的外籍专家、科技人员以及外商投资企业中的外籍人员，本次个人所得税改革也对他们的个人收入增加了附加减除费用的规定，并授权国务院适时进行调整，为后来个人所得税的多次改革埋下伏笔。

---

① 根据国家统计局（https://data.stats.gov.cn/easyquery.htm?cn=C01）相关数据计算而得。

这次个人所得税法的修改对征税范围和对象都作出了明确的规定，对税率和免税、减税项目也进行了完善，是我国个人所得税税制适应社会主义市场经济的新起点。

四、1999 年：三改储蓄存款利息所得税

（一）背景：储蓄存款利息所得免税与高储蓄率的矛盾

1950 年，我国颁布了《利息所得税暂行条例》，该条例明确规定要对在境内产生的存款利息所得征收利息所得税。1980 年公布的个人所得税法和 1993 年修改的个人所得税法，都明确指出利息所得是我国个人所得税的征税项目。但是，考虑到当时国民收入水平普遍较低，个人的储蓄数额不高，以及不少物资供应极其紧张的情况，国家为了鼓励居民加大储蓄力度，增加储蓄金额，缓解市场物资供应压力，对储蓄存款利息所得暂免征收个人所得税。

到 1999 年，我国的社会主义市场经济发展初步取得成效，经济发展状况改善，居民收入与以前相比有较大提升，尤其是居民储蓄率在这一时期已经居于世界前列。高储蓄率在大量增加储蓄资金以及促进国民经济快速发展的同时，也带来了一些不可忽视的问题。一方面，大部分的储蓄存款为先富起来的少数高收入居民所有，随之产生的利息收入也主要集中在他们手中，而个人所得税中对储蓄存款利息所得免税的规定使其无法发挥调节居民群体收入水平的作用，不利于税收量能负担目标的实现，也不利于共同富裕的目标实现；另一方面，居民单一的储蓄投资方式使得过多的资金存储在银行，加大了银行的经营压力，也不利于社会消费能力的充分释放。

在这种情况下，为了抑制贫富差距的扩大，促进经济社会的稳定发展，充分发挥个人所得税对于收入分配的调节作用，我国对个人所得税法进行了又一次修改。

（二）要点：恢复征收储蓄存款利息所得税

1999 年 8 月 30 日，第九届全国人大常委会第十一次会议作出了《关于修改〈中华人民共和国个人所得税法〉的决定》。这次修改决定对储蓄存款利息所得恢复征收个人所得税，并授权国务院制定征税的具体办法和开征时间。

1999 年 9 月 30 日，国务院颁布了《对储蓄存款利息所得征收个人所得税的实施方法》，决定自当年 11 月 1 日起，将储蓄存款利息所得的个人所得税税

率设置为20%。

这次改革对储蓄存款利息所得恢复征收个人所得税，在多个方面发挥了积极作用。一是对居民的收入差距起到一定的调节作用，抑制少数人收入过快增长；二是适当调节个人储蓄增长的速度，引导居民将一部分储蓄资金用于个人消费以及投资，扩大国内有效需求，推动国民经济持续、健康、稳定发展；三是通过再分配的方式，将个人所得税征收所筹措的财政收入用来改善低收入居民的生活。

总之，这次修改在一定程度上扩大了内需，鼓励了居民进行消费和投资，推动了我国经济的持续发展，同时增加了政府的财政收入，抑制贫富差距，推动共同富裕，有利于规范和完善我国的个人所得税税制。

五、2005年：四改费用扣除标准

（一）背景：费用扣除标准与居民基本生计支出的矛盾

在经过三次改革之后，我国个人所得税制度得到了一定的完善，向规范的、完整的、适合国情的个人所得税制度迈出了一大步。但是，随着经济水平的不断提升和社会主义法制建设的不断推进，个人所得税法的滞后性开始凸显，一些弊端逐渐暴露出来。

到2005年，距离上一轮个人所得税费用扣除标准修改已经过去了12年，标准一直没有变，但是我国的经济发展水平、物价水平与居民收入水平在这12年里可以说是日新月异，每月800元的费用扣除标准明显已经无法满足居民必需的日常生活开销，与当时的经济社会发展情况不匹配。个人所得税的调节作用明显式微，已经无法与城镇居民的收入水平和消费水平相适应。为了适应经济社会的新变化与新要求，个人所得税法迎来了第四次修改。

（二）要点：费用扣除标准翻倍

2005年10月27日，第十届全国人大常委会第十八次会议作出了《关于修改〈中华人民共和国个人所得税法〉的决定》，这次个人所得税改革主要在费用扣除方面进行了调整，规定自2006年1月1日起，将费用扣除标准提高至每月1600元。这一举措在一定程度上可以缓解居民的生计费用过低的问题，有助于减轻低收入者个人所得税负担。

同时，还规定了代扣代缴单位需办理全员全额申报纳税，年收入不低于

12万元的纳税义务人自行纳税申报的制度，对于未按照规定定期申报纳税的要给予相关的处罚。这一措施加强了我国对工薪阶层和较高收入者纳税情况的监管力度，是个人所得税征管制度上的一大完善。

六、2007 年：五改储蓄存款利息所得税

（一）背景：储蓄存款利息所得税与高通胀的矛盾

1999 年的个人所得税恢复对储蓄存款利息所得征税，在调节居民收入差距、鼓励居民消费和投资以及增加国家财政收入等方面发挥了一定的作用。

但是随着我国经济的快速发展，物价指数上涨，对储蓄存款利息所得继续征收 20% 的个人所得税，一方面会导致人们为了规避利息税，减少储蓄、增加消费，不仅不利于经济的软着陆，还可能导致通货膨胀进一步恶化；另一方面我国居民投资方式单一，尤其是对广大中低收入群体而言，储蓄存款利息是收入的重要来源，利息税的征收让这部分收益大打折扣，可支配收入的增速赶不上物价水平的上涨速度，生活水平在无形中被降低。因此为了增加居民的储蓄存款收益，减少通货膨胀带来的负面影响，有必要对个人所得税法进行修改。

（二）要点：降低储蓄存款利息所得税率

2007 年 6 月 29 日，第十届全国人大常委会第二十八次会议作出了《关于修改〈中华人民共和国个人所得税法〉的决定》，主要对储蓄存款利息所得税部分进行了调整，批准授权国务院可以对储蓄存款利息所得停征或者减征个人所得税，并且自 2007 年 8 月 15 日起，将适用税率由 20% 更改为 5%。

这次对个人所得税法的修改表明我国个人所得税制度日渐灵活，不断适应不同时期经济社会发展的新变化以及国民经济发展的新要求，体现了个人所得税的相机决策功能，适应社会经济新要求。

七、2007 年：六改费用扣除标准

（一）背景：费用扣除标准改革与社会预期的矛盾

2005 年对个人所得税制度的修改将费用扣除标准从每月 800 元改为每月

1600 元，1600 元的扣除标准与当时的经济水平和发展趋势仍不完全匹配。据统计，2003 年我国人均每月的生计支出已超 1600 元。因此第四次修改虽然大幅度提高了居民的生计扣除标准，但是 1600 元的费用扣除标准还是无法完全覆盖基本生计支出。当时有一种评价是"改总比没改好"，可见此次对费用扣除标准的修改与社会的预期存在着较大的差距。因此，三年后费用扣除标准再次修改。

（二）要点：再次提高费用扣除标准和暂免征收储蓄存款利息所得税

2007 年 12 月 29 日，第十届全国人大常委会第三十一次会议作出了《关于修改〈中华人民共和国个人所得税法〉的决定》，本次修改进一步减轻了中低收入群体纳税负担，决定自 2008 年 3 月 1 日起将费用扣除标准由原来的每月 1600 元调整至每月 2000 元，同时为了鼓励外籍人员来中国务工，增加外籍人员的附加扣除每月 800 元。另外在 2008 年 10 月 9 日，国务院又发布了《关于储蓄存款利息所得有关个人所得税政策的通知》，决定对储蓄存款在本通知发出之日及之后孳生的利息所得，暂免征收个人所得税。

八、2011 年：七改费用扣除标准及税率结构

（一）背景：减轻税负与推动和谐社会建设的矛盾

随着居民收入水平、生活水平以及消费支出水平的提高，个人所得税亟须进一步的修改。首先费用扣除标准较低，对居民的基本生活产生了一定的影响；其次税率结构有九级，较为繁复；再次，低档税率级距较短，这导致中低收入群体所承受的税收负担累进过快。在经营所得方面，也存在着税率的级距较短，以及与工资、薪金所得相比税收负担偏重等问题。

至 2011 年，为了深化建设和谐社会，减轻人民群众的个人所得税负担，进一步发挥个人所得税的调节作用，个人所得税法迎来了新修改。

（二）要点：进一步提高费用扣除标准并调整税率结构

2011 年 6 月 30 日，第十一届全国人大常委会第二十一次会议作出了《关于修改〈中华人民共和国个人所得税法〉的决定》，此次修改决定，自 2011 年 9 月 1 日起，将工资、薪金所得的费用扣除标准提高至每月 3500 元，外籍个

人的附加扣除提高至每月 1300 元；同时将工薪所得的税率结构由九级减少为七级，取消 15％和 40％两档税率，最低税率由 5％降为 3％，扩大 3％和 10％两个低档税率和 45％最高档税率的适用范围；扩大经营所得的税率级距，并且对扣缴义务人、纳税申报人申报缴纳税款的时限作出了相应的调整。

这次修改减轻了低收入群体的税收负担，增强了收入分配调节功能，促进了社会和谐。

九、小结

综上所述，在不同发展阶段的政治、经济、社会、文化等多种因素的共同影响下，我国个人所得税法在 1980 年确立了分类个人所得税税制，此后不断改革，从适应不同群体的"三税并征"到充分发挥个人所得税调节作用的"三税合一"，从储蓄存款利息所得税的停征、开征到再次停征，以及费用扣除标准不断修改。1996 年，国家"九五"计划纲要提出"建立覆盖全部个人收入的分类与综合相结合的个人所得税制"。这些改革表明我国个人所得税制度根据社会经济发展在不断优化。本节对我国个人所得税的诞生及历次个人所得税法修改的背景与要点进行了梳理总结，以期读者对我国个人所得税制度的演变历程有较为全面的认识。

第二节　个人所得税的结构和特征

我国个人所得税的来源较为广泛，经过前面七次修改，我国个人所得税形成分类所得税制，分别对工资、薪金所得，劳务报酬所得等 11 项所得分类扣除、分项计征。在税收来源、收入结构、行业贡献、纳税主体以及财政贡献等方面形成了明显的特征。下面对 2018 年新个人所得税法实施前的有关数据进行分析。

一、个人所得税的收入结构特征

(一) 个人所得税分项收入的类别

根据国家统计局的统计口径,居民可支配收入可划分为四项,分别是工资性收入、经营净收入、财产净收入和转移净收入,由于转移净收入暂不征收个人所得税,所以我国个人所得税的税收收入按照收入的性质可以主要归纳为三大项,与具体税目的对应如表1-1所示。

表1-1 我国个人所得税的分项收入类别以及对应税目[①]

类别	税目
工资性所得税收收入	工资、薪金所得
经营性所得税收收入	个体工商户生产、经营所得
	企事业单位承包、承租经营所得
	劳务报酬所得
	稿酬所得
	特许权使用费所得
财产性所得税收收入	利息、股息、红利所得
	财产租赁所得
	财产转让所得
其他项目税收收入	偶然所得
	其他所得
	税款滞纳金、罚款收入

(二) 个人所得税分项收入的占比

在表1-1的分类标准下,图1-2和图1-3显示了我国个人所得税分项收入的占比以及居民分项人均可支配收入的占比。2018年个人所得税分项收入

[①] 个人所得税偶然所得税目收入、其他所得税目收入以及税款滞纳金、罚款收入在性质上与其他三项分项税收收入无显著对应关系,且占个人所得税总收入的比重很低,故没有对其进行划并,这不影响分析结果和效果。

的占比排序为工资性所得税收收入＞财产性所得税收收入＞经营性所得税收收入，2018年居民人均可支配收入来源占比排序为工资性收入＞转移净收入＞经营净收入＞财产净收入。

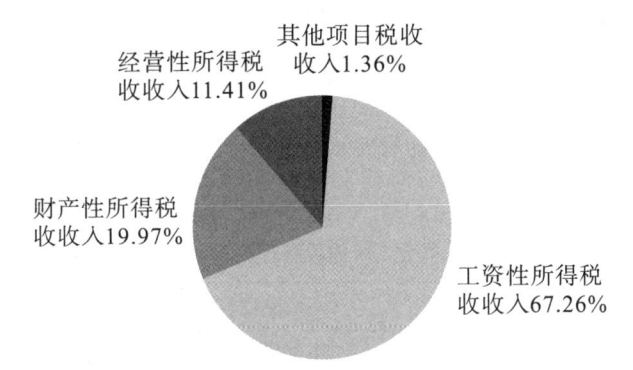

图1－2　我国2018年个人所得税分项收入的占比[①]

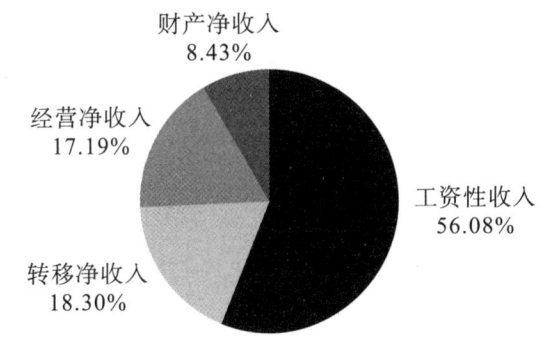

图1－3　我国2018年居民分项人均可支配收入的占比[②]

由图1－2和图1－3可知，在我国个人所得税收入中，工资性所得税收入的比重超过一半，为67.26%，居民可支配收入中工资性收入的比重也超过了一半，为56.08%，因此，可以说个人所得税的税收收入集中于工资性收入。财产净收入在居民可支配收入中的占比低于经营净收入，但是其承担的个人所得税税收占比却更大。出现这一局面的原因可能是这两大分项收入适用的征收方式和税率不同。财产净收入适用税率为20%，而经营净收入中的大部分收入适用核定征收方式和5%的税率。

---

① 根据2019年《中国税务年鉴》(https://data.cnki.net/yearBook/single?id=N2020050205)相关数据计算而得。

② 根据2019年《中国统计年鉴》(https://data.cnki.net/yearBook/single?id=N2019110002)相关数据汇总而得。

(三)工资、薪金所得税收收入占绝对优势

表 1-2 统计了 2018 年我国个人所得税各项税目的收入情况,从中可以看出,工资、薪金所得税收收入在个人所得税收入中占绝对优势。我国个人所得税税收收入集中于工资、薪金所得,主要有两方面的原因:一方面,居民可支配收入的主要来源是工资性收入(见图 1-2);另一方面,工资、薪金所得的征收方式多为代扣代缴,与其他几项所得相比,更容易征管,不易造成税收收入的流失。

表 1-2 我国 2018 年个人所得税各项税目的税收收入及其占比[①]

税目	税收收入(万元)	占比(%)
工资、薪金所得	93308223	67.26
财产转让所得	15302718	11.03
利息、股息、红利所得	11522655	8.31
个体工商户生产、经营所得	7916067	5.71
劳务报酬所得	6251929	4.51
企事业单位承包、承租经营所得	1426251	1.03
偶然所得	1253129	0.90
财产租赁所得	870744	0.63
其他所得	324436	0.23
税款滞纳金、罚款收入	322879	0.23
稿酬所得	112914	0.08
特许权使用费所得	107733	0.08

二、个人所得税的税源区域特征

(一)我国行政区域的地理划分及其特征

国家发展和改革委员会将全国除港、澳、台地区以外的 31 个省(自治区、

[①] 根据 2019 年《中国税务年鉴》(https://data.cnki.net/yearBook/single?id=N2020050205)相关数据计算而得。

直辖市）划分为东、中、西部地区，这三大地带的梯度划分不仅体现在区域经济发展水平的差别上，也体现在各地区对外开放程度上。三大地带的行政地理划分及其经济水平和对外开放程度等如表1-3所示。

表1-3 我国行政区域地理划分及其特征

地区	所含省（自治区、直辖市）	经济水平	对外开放程度
东部	辽宁、北京、天津、河北、山东、江苏、浙江、上海、福建、广东、海南	高	高
中部	黑龙江、吉林、山西、河南、安徽、湖北、湖南、江西	较高	较高
西部	新疆、西藏、甘肃、青海、四川、宁夏、陕西、重庆、云南、贵州、广西、内蒙古	一般	有待提升

（二）个人所得税收入分地理区域占比情况

图1-4描绘了个人所得税收入分地理区域的占比情况，从中可以发现，2018年东部地区的个人所得税收入占全国个人所得税收入的比重为73.20%，西部地区占比为14.52%，中部地区占比为12.28%，东部地区对全国个人所得税收入的筹集做出了重大贡献。从数据上看，东、中、西部地区各省（自治区、直辖市）的差异也较大，尤其东、西部地区个人所得税收入比重非常不平衡（见图1-5）。

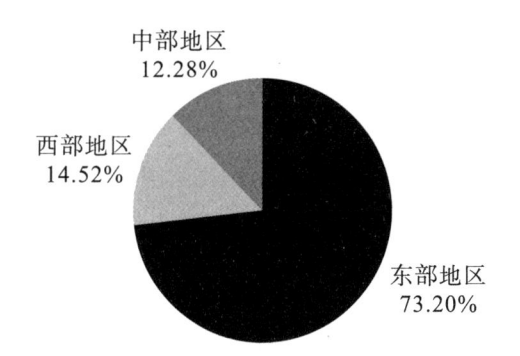

图1-4 我国2018年东、中、西部地区个人所得税收入占比情况[①]

[①] 根据2019年《中国税务年鉴》（https://data.cnki.net/yearBook/single?id=N2020050205）相关数据计算而得。

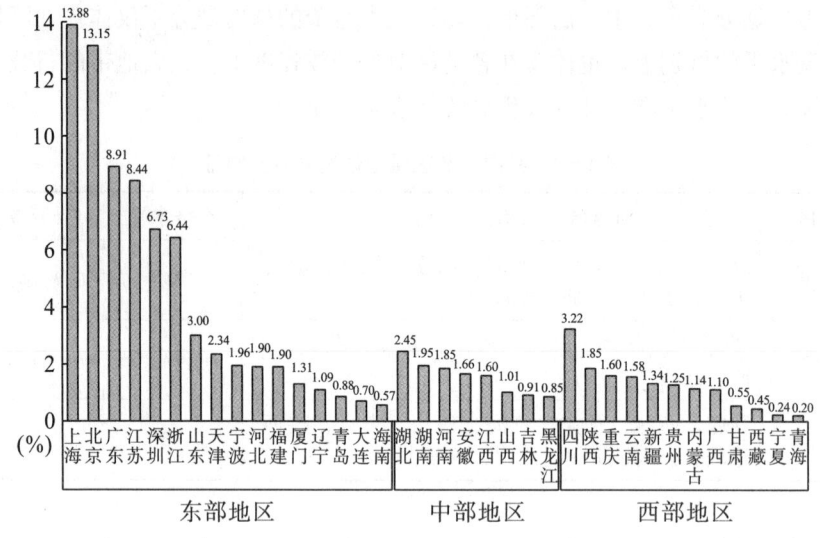

图 1-5　我国 2018 年东、中、西部地区各省（自治区、直辖市）个人所得税收入占全国个人所得税收入的比重情况[①]

（三）东部地区个人所得税收入占比分析

东、中、西部地区的占比差异表明，经济发展水平和总量规模、人口规模、内部收入差距等因素，都会对个人所得税收入产生相应的影响。相较于中、西部地区来说，我国东部地区经济更为发达，这与其得天独厚的条件密不可分，如东部地区地理优势明显，且主要位于沿海地区，水运方便；地势平坦，有利于基础设施的建设和完善；沿海港口较多，对外贸易较为频繁；人口众多，劳动力丰富。除此之外，还有国家政策的扶持，如广泛而深入的对外开放政策等。由此不难发现，东部地区个人所得税税源丰富，同时，在个人所得税的缴纳中，除了工资、薪金所得以外，其他几种类型所得的应税收入也集中于东部地区。

---

① 根据 2019 年《中国税务年鉴》（https://data.cnki.net/yearBook/single?id=N2020050205）相关数据计算而得。1997 年以后，我国计划单列市有以下 5 个：大连、厦门、深圳、青岛、宁波。《中国税务年鉴》将其个人所得税收入单独列出，故此处也将其个人所得税收入占比在图 1-5 中单独列出。

三、个人所得税的行业贡献特征

(一) 我国各产业分类及其构成

国家统计局相关产业数据将我国各行业分为第一产业、第二产业和第三产业。具体规定为：第一产业包括农、林、牧、渔业；第二产业包括采矿业，制造业，电力、热力、燃气及水的生产和供应业，建筑业；第三产业即服务业，主要包括除第一产业、第二产业以外的其他行业。

(二) 我国各行业个人所得税收入占比变化情况

从表1-4和表1-5可以看出，2009—2018年10年间，在个人所得税收入贡献上，第二和第三产业占据重要地位，个人所得税占比均值分别为29.33%、70.45%；第一产业对个人所得税收入的贡献极小，历年占比稳定在0.21%左右。从第二和第三产业具体行业来看，第二产业的制造业和第三产业的金融业对个人所得税的贡献最大，2018年占全国个人所得税收入的比重分别为14.89%、15.41%，合计总比例接近个人所得税收入的1/3。行业内部个人所得税收入情况将在后文进行具体分析。

表1-4 我国2009—2018年三次产业个人所得税收入占个人所得税总收入比重（%）[①]

产业	2009	2010	2011	2012	2013	2014	2015	2016	2017	2018	均值
第一产业	0.16	0.20	0.19	0.24	0.25	0.24	0.22	0.21	0.24	0.20	0.21
第二产业	34.07	35.67	35.08	33.04	30.87	29.87	26.88	23.48	21.98	22.22	29.33
第三产业	65.76	64.14	64.73	66.72	68.88	69.89	72.91	76.31	77.79	77.58	70.45

表1-5 我国2009—2018年各行业个人所得税收入占个人所得税总收入比重（%）[②]

行业	2009	2010	2011	2012	2013	2014	2015	2016	2017	2018	均值
制造业	18.98	20.20	19.71	17.81	16.73	17.27	16.35	14.81	14.73	14.89	17.15
金融业	12.36	12.94	14.44	15.90	16.90	17.52	19.08	19.05	17.04	15.41	16.06

[①] 根据2010—2019年《中国税务年鉴》(https://data.cnki.net/yearBook/single?id=N2020050205) 相关数据计算而得。

[②] 根据2010—2019年《中国税务年鉴》(https://data.cnki.net/yearBook/single?id=N2020050205) 相关数据计算而得。

续表

行业	2009	2010	2011	2012	2013	2014	2015	2016	2017	2018	均值
租赁和商务服务业	8.69	8.88	9.80	11.68	10.93	11.14	11.79	12.58	12.86	12.79	11.12
批发和零售业	8.62	8.78	8.47	8.64	8.46	8.33	7.80	7.39	7.43	7.65	8.16
建筑业	7.27	7.42	7.54	7.97	7.97	7.66	6.80	5.64	4.37	4.39	6.70
居民服务、修理和其他服务业	5.77	5.87	6.02	5.50	5.74	5.29	5.54	5.90	6.14	5.58	5.73
房地产业	4.89	5.27	5.28	5.19	6.45	5.95	5.57	6.33	6.59	7.32	5.88
科学研究和技术服务业	—	—	—	4.05	4.30	4.68	4.80	5.27	5.73	6.08	4.99
信息传输、软件和信息技术服务业	3.59	3.52	3.43	3.81	4.08	5.05	5.31	5.74	6.14	6.99	4.76
交通运输、仓储和邮政业	4.11	4.01	3.88	3.35	2.96	2.63	2.50	2.59	2.77	2.72	3.15
采矿业	4.36	4.78	4.89	4.61	3.69	2.56	1.64	1.07	1.31	1.41	3.03
公共管理、社会保障和社会组织	2.83	2.86	2.56	2.18	2.47	2.22	3.23	3.78	4.43	4.46	3.10
其他行业	8.16	5.04	4.47	0.67	0.60	0.61	0.38	0.19	0.03	0.04	2.02
电力、热力、燃气及水的生产和供应业	3.46	3.26	2.94	2.65	2.49	2.38	2.09	1.96	1.74	1.53	2.45
教育	2.19	2.36	2.00	1.53	1.69	1.95	2.25	2.49	2.91	2.85	2.22
卫生和社会工作	1.61	1.74	1.67	1.54	1.77	2.18	2.50	2.76	3.18	3.30	2.23
文化、体育和娱乐业	1.21	1.17	1.15	1.21	1.26	1.31	1.31	1.37	1.47	1.54	1.30
住宿和餐饮业	1.73	1.69	1.56	1.46	1.27	1.04	0.86	0.67	0.67	0.62	1.16
水利、环境和公共设施管理业	—	—	—	—	—	—	—	0.19	0.22	0.23	0.21

（三）制造业、金融业等行业对个人所得税收入贡献较大

各行业对个人所得税收入的贡献差异非常大，其中制造业和金融业等行业对个人所得税的贡献较大。同时，制造业和金融业在全行业税收、企业所得税、国内增值税中的税收收入占比均在前五位（见表1—6）。

表1—6　我国2018年第二、第三产业中重要行业主要税种的税收收入比重[①]

全行业税收			个人所得税			企业所得税			国内增值税		
行业名称	比重(%)	排名	行业名称	比重(%)	排名	行业名称	比重(%)	排名	行业名称	比重(%)	排名
制造业	32.22	1	金融业	15.41	1	制造业	23.04	1	制造业	33.84	1
房地产业	14.40	2	制造业	14.89	2	金融业	21.78	2	批发和零售业	16.22	2
批发和零售业	13.99	3	租赁和商务服务业	12.79	3	房地产业	16.24	3	房地产业	11.42	3
金融业	10.42	4	批发和零售业	7.65	4	批发和零售业	11.15	4	建筑业	9.30	4
建筑业	5.27	5	房地产业	7.32	5	租赁和商务服务业	6.41	5	金融业	8.60	5

下面从三次产业各产业就业总人数、分行业就业人数和行业平均工资角度分析我国制造业和金融业等行业对个人所得税收入贡献较大的原因（见图1—6、表1—7、表1—8）。一方面，从行业就业人数看，制造业和金融业涉及的范围较为广泛，因此就业人数多。2009—2018年，第一产业的就业人数大幅下降，而制造业、金融业等第二和第三产业的就业人数则快速上升，尤其是第三产业，2009年就业人数为25857万人，2018年则上升至34911万人，增幅达35%。另一方面，从行业平均工资看，金融业、制造业等行业的平均工资远高于第一产业的农、林、牧、渔业，2018年制造业平均工资居于所有行业的第九位，金融业居于第二位，而农、林、牧、渔则是平均工资最低的行业，并且各行业的最高平均工资与最低平均工资比值稳定在2左右。这使得制造业、金融业等就业人数多、行业平均工资高的行业成为我国个人所得税缴纳的主力行业，也成为我国稳岗就业的主要行业。

---

① 根据2019年《中国税务年鉴》（https://data.cnki.net/yearBook/single?id=N2020050205）相关数据计算而得。

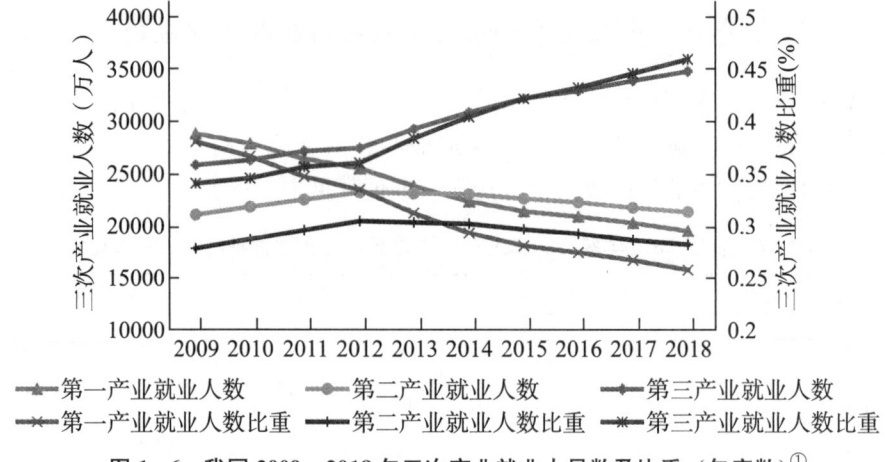

图 1-6　我国 2009—2018 年三次产业就业人员数及比重（年底数）[①]

表 1-7　我国 2009—2018 年各行业城镇私营单位就业人员
平均工资与社会平均工资列表（元）[②]

行业	2009	2010	2011	2012	2013	2014	2015	2016	2017	2018
A	28166	31226	35562	39518	44060	51044	57719	63578	70415	76326
B	30452	30513	28664	32696	37253	41553	44898	50366	52289	62943
C	26187	28886	31320	36598	42854	47462	50441	54764	58102	61876
D	21334	23879	27115	31796	36243	39414	43770	47836	51394	53382
E	18641	21571	25590	29173	33862	37205	40558	43993	47296	52343
F	21334	23228	27017	30778	35038	37826	41767	46063	48025	51393
G	19867	22228	26108	30911	34882	38838	41710	44803	46944	50879
H	19634	21989	25949	28159	33141	38891	40495	42705	45852	50547
I	17260	20090	24138	28215	32035	35653	38948	42115	44991	49275
J	21066	21862	23636	26625	31521	33678	37040	39508	43263	46228

---

① 根据 2010—2019 年《中国统计年鉴》（https://data.cnki.net/yearBook/single? id = N2019110002）相关数据计算而得。

② 根据 2010—2019 年《中国统计年鉴》（https://data.cnki.net/yearBook/single? id = N2019110002）相关数据计算而得。其中，A：信息传输、软件和信息技术服务业；B：金融业；C：科学研究和技术服务业；D：租赁和商务服务业；E：卫生和社会工作；F：房地产业；G：建筑业；H：交通运输、仓储和邮政业；I：制造业；J：教育；K：批发和零售业；L：文化、体育和娱乐业；M：电力、热力、燃气及水生产和供应业；N：采矿业；O：水利、环境和公共设施管理业；P：居民服务、修理和其他服务业；Q：住宿和餐饮业；R：农、林、牧、渔业。

第一章 中国个人所得税的历史发展

续表

行业	2009	2010	2011	2012	2013	2014	2015	2016	2017	2018
K	17775	19928	22791	27233	30604	33894	36635	39589	42359	45177
L	17339	20012	22666	26177	30402	32024	34974	38228	41201	44592
M	17795	18834	22091	25478	29597	33184	34631	38605	41510	44239
N	18553	20981	25519	29684	33081	35819	38192	39600	41236	44096
O	17170	19607	22958	26402	31241	33847	37222	40099	41061	42409
P	15688	18350	20543	24068	27483	30580	33203	35824	38417	41058
Q	15623	17531	20882	23933	27352	29483	31889	34712	36886	39632
R	14585	16370	19223	21973	24645	26862	28869	31301	34272	36375
社会平均工资	18199	20759	24556	28752	32706	36390	39589	42833	45761	49575

表1-8 我国2009—2018年按行业分城镇私营单位平均工资的差值[①]

年份	平均工资（元）	平均工资最低行业		平均工资最高行业		极差（元）	最高平均工资/最低平均工资
		行业名称	平均工资（元）	行业名称	平均工资（元）		
2009	18199	农、林、牧、渔业	14585	金融业	30452	15867	2.09
2010	20759	农、林、牧、渔业	16370	信息传输、软件和信息技术服务业	31226	14856	1.91
2011	24556	农、林、牧、渔业	19223	信息传输、软件和信息技术服务业	35562	16339	1.85
2012	28752	农、林、牧、渔业	21973	信息传输、软件和信息技术服务业	39518	17545	1.80
2013	32706	农、林、牧、渔业	24645	信息传输、软件和信息技术服务业	44060	19415	1.79
2014	36390	农、林、牧、渔业	26862	信息传输、软件和信息技术服务业	51044	24182	1.90
2015	39589	农、林、牧、渔业	28869	信息传输、软件和信息技术服务业	57719	28850	2.00

① 根据2010—2019年《中国统计年鉴》(https://data.cnki.net/yearBook/single?id=N2019110002) 相关数据计算而得。

续表

年份	平均工资（元）	平均工资最低行业 行业名称	平均工资（元）	平均工资最高行业 行业名称	平均工资（元）	极差（元）	最高平均工资/最低平均工资
2016	42833	农、林、牧、渔业	31301	信息传输、软件和信息技术服务业	63578	32277	2.03
2017	45761	农、林、牧、渔业	34272	信息传输、软件和信息技术服务业	70415	36143	2.05
2018	49575	农、林、牧、渔业	36375	信息传输、软件和信息技术服务业	76326	39951	2.10

四、个人所得税的纳税主体新特征

（一）我国民营企业[①]发展及其税收贡献

改革开放40多年来，随着社会主义市场经济体制逐步建立和完善，我国民营企业经历了从无到有、从小到大、从弱到强、从国内到国际的过程，主要经历了四个发展阶段：1978—1991年的萌芽兴起阶段、1992—2002年的异军突起阶段、2003—2012年的快速发展阶段、2013年至今的高质量推进阶段。

民营经济在国民经济中的作用日益增强，对我国国内生产总值（GDP）的贡献率从改革开放初期的1%到2018年的60%以上，提供了80%以上的城镇就业岗位，吸纳了70%以上的农村转移劳动力，支撑了90%以上的新增就业，缴纳了50%以上的国家税收[②]。民营企业逐步成为我国国民经济和税收收入的贡献主体，承担了较大的社会经济责任。

（二）民营企业从业人员成为个人所得税纳税主体

民营企业从业人员已成为我国个人所得税的纳税主体，在经济转型的背景下表现出了较强的发展活力。从不同口径的民营企业从业人员个人所得税收入

[①] 民营企业按不同计算口径可分为广义民营企业（除国有及国有控股企业之外的企业）、内资民营企业（除国有企业及国有控股企业、外资企业外的企业）、狭义民营企业（私营企业、私营控股企业、个体工商户，本书所指民营企业为广义民营企业。

[②] 安蓓、姜潇、许晟：《激发市场活力 坚定发展信心——当前民营经济发展观察》，http://www.gov.cn/xinwen/2018-10/31/content_5336298.htm。

占比情况来看，来自民营企业从业人员的个人所得税收入占全国个人所得税收入的70％以上，据统计，2014至2018年各年占比分别70.11％、72.21％、74.43％、75.51％、77.21％①。

过去40多年中国"经济增长奇迹"最根本的原因是实行和不断深化改革开放政策，推动民营企业发展壮大、外资企业大规模进入和国有企业深化改革。

1978年中国城镇就业人数仅为9514万人，其中国有单位和城镇集体单位的就业人数分别为7451万人、2048万人，个人经济的就业人数仅占比0.16％②。2014年商事制度改革，一年内新设企业带动增加的就业岗位就高达1890.70万个③，小微企业成为带动就业的主力军，"双创""三证合一""一照一码"等方面的改革对从业人员较少、规模较小的小微企业有较大的促进作用。

改革开放以来，民营企业创造的社会财富迅猛增加。民营企业数量占比超95％，民营企业是中国经济微观基础的最大主体。2017年，全国企业法人单位数为1809.77万个，民营控股企业占比97.0％④。2018年民营经济创造的产值占比已超过60％⑤。

2017年城镇就业人数42462万人，私营企业和个体经济占比高达53.4％，占据全部民营企业的80％，增量占比更是超过100％⑥。民营企业飞速发展成为城镇就业的最大保障，民营企业从业人员逐渐成了个人所得税重要纳税主体。

---

① 根据2015—2019年《中国税务年鉴》（https://data.cnki.net/yearBook/single?id=N2020050205）相关数据计算而得。

② 贾康、刘薇、吴晁兵：《民营经济长期发展：科学认知与路径选择》，《应用经济学评论》，2022年第3期，第21~48页。

③ 张峰州：《民营企业在国民经济中的地位和作用》，https://www.sohu.com/a/139773908_531786。

④ 任泽平、马家进、罗志恒：《2019年中国民营经济报告出炉：民营企业实现从0到56789的成就！》，https://www.sohu.com/a/346809926_114984。

⑤ 根据国家统计局（https://data.stats.gov.cn/easyquery.htm?cn=C01）相关数据计算而得。

⑥ 根据国家统计局（https://data.stats.gov.cn/easyquery.htm?cn=C01）相关数据计算而得。

五、个人所得税的财政特征

（一）个人所得税收入占税收总收入比重缓慢上升

表1-9展现了1980—2018年我国个人所得税诞生以来，个人所得税收入从零开始快速增长，到占比较为稳定的过程。从绝对额来看，除了2012年因费用扣除标准由每月2000元提高至3500元等而引起个人所得税收入略有下降外，其余年份个人所得税收入均持续上升；从个人所得税收入占税收总收入的比重来看，自2000年以来，个人所得税收入占税收总收入的比重宽幅稳定，总体上缓慢上升，维持在5%~9%之间。

表1-9 我国1980—2018年个人所得税收入及占税收总收入的比重[①]

年度	个人所得税收入（亿元）	个人所得税收入增长率（%）	税收总收入（亿元）	个人所得税收入占税收总收入的比重（%）
1980	0.0016	—	571.7	0.0003
1981	0.05	3025.00	629.89	0.008
1982	0.10	100.00	700.02	0.014
1983	0.17	70.00	775.59	0.022
1984	0.34	100.00	947.35	0.036
1985	1.32	288.24	2040.79	0.065
1986	5.52	318.18	2090.73	0.26
1987	7.17	29.89	2140.36	0.33
1988	8.68	21.06	2390.47	0.36
1989	17.12	97.24	2727.40	0.63
1990	21.13	23.42	2821.86	0.75
1991	25.03	18.46	2990.17	0.84
1992	31.36	25.29	3296.91	0.95
1993	46.82	49.30	4255.3	1.10

[①] 根据《中国税务年鉴》（https://data.cnki.net/yearBook/single?id=N2020050205）相关数据计算而得。

续表

年度	个人所得税收入（亿元）	个人所得税收入增长率（%）	税收总收入（亿元）	个人所得税收入占税收总收入的比重（%）
1994	72.67	55.21	5126.88	1.42
1995	131.39	80.8	6038.04	2.18
1996	193.06	46.94	6909.82	2.79
1997	259.55	34.44	8234.04	3.15
1998	338.59	30.45	9262.8	3.66
1999	413.66	22.17	10682.58	3.87
2000	659.64	59.46	12581.51	5.24
2001	995.26	50.88	15301.38	6.50
2002	1211.78	21.76	17636.45	6.87
2003	1418.03	17.02	20017.31	7.08
2004	1737.06	22.50	24165.68	7.19
2005	2094.91	20.60	28778.54	7.28
2006	2453.71	17.13	34804.35	7.05
2007	3185.58	29.83	45621.97	6.98
2008	3722.31	16.85	54223.79	6.86
2009	3949.35	6.10	59521.59	6.64
2010	4837.27	22.48	73210.79	6.61
2011	6054.11	25.16	89738.39	6.75
2012	5820.28	−3.86	100614.28	5.78
2013	6531.53	12.22	110530.7	5.91
2014	7376.61	12.94	119175.31	6.19
2015	8617.27	16.82	124922.2	6.90
2016	10088.98	17.08	130360.73	7.74
2017	11966.37	18.61	144369.87	8.29
2018	13871.97	15.92	156402.86	8.87

我国1980—2018年国民总收入及人均国民总收入见表1-10。

表 1—10　我国 1980—2018 年国民总收入及人均国民总收入[①]

年度	国民总收入（亿元）	国民总收入增长率（%）	人均国民总收入（元）	人均国民总收入增长率（%）
1980	4587.6	11.88	468	10.64
1981	4933.7	7.54	496	5.98
1982	5380.5	9.06	533	7.46
1983	6043.8	12.33	591	10.88
1984	7314.2	21.02	705	19.29
1985	9123.6	24.74	868	23.12
1986	10375.4	13.72	973	12.10
1987	12166.6	17.26	1122	15.31
1988	15174.4	24.72	1377	22.73
1989	17188.4	13.27	1537	11.62
1990	18923.3	10.09	1667	8.46
1991	22050.3	16.52	1916	14.94
1992	27208.2	23.39	2336	21.92
1993	35599.2	30.84	3021	29.32
1994	48548.2	36.37	4073	34.82
1995	60356.6	24.32	5009	22.98
1996	70779.6	17.27	5813	16.05
1997	78802.9	11.34	6406	10.20
1998	83817.6	6.36	6749	5.35
1999	89366.5	6.62	7134	5.70
2000	99066.1	10.85	7846	9.98
2001	109276.2	10.31	8592	9.51
2002	120480.4	10.25	9410	9.52
2003	136576.3	13.36	10600	12.65
2004	161415.4	18.19	12454	17.49
2005	185998.9	15.23	14267	14.56

① 根据 2021 年《中国统计年鉴》(http://www.stats.gov.cn/tjsj/ndsj/2021/indexch.htm) 相关数据计算而得。

续表

年度	国民总收入（亿元）	国民总收入增长率（%）	人均国民总收入（元）	人均国民总收入增长率（%）
2006	219028.5	17.76	16707	17.10
2007	270704.0	23.59	20541	22.95
2008	321229.5	18.66	24250	18.06
2009	347934.9	8.31	26136	7.78
2010	410354.1	17.94	30676	17.37
2011	483392.8	17.80	35939	17.16
2012	537329.0	11.16	39679	10.41
2013	588141.2	9.46	43143	8.73
2014	644380.2	9.56	46971	8.87
2015	685571.2	6.39	49684	5.78
2016	742694.1	8.33	53516	7.71
2017	830945.7	11.88	59514	11.21
2018	915243.5	10.14	65246	9.63

从表1-11可以看出，2018年个人所得税收入占税收总收入的比重已在我国所有税种中位列第三，仅次于增值税和企业所得税。不过相较于增值税45.70%和企业所得税20.88%的比重，我国个人所得税收入占税收总收入的比重仍然较小。

表1-11 我国2018年各税种收入占税收总收入的比重[①]

排序	税种	税收收入（万元）	占税收总收入比重（%）
1	增值税	776708682	45.70
2	企业所得税	354901622	20.88
3	个人所得税	138719678	8.16
4	消费税	115368696	6.79
5	契税	57297426	3.37
6	土地增值税	56443787	3.32

---

① 根据2019年《中国税务年鉴》（https://data.cnki.net/yearBook/single?id=N2020050205）相关数据计算而得。

续表

排序	税种	税收收入（万元）	占税收总收入比重（%）
7	城市维护建设税	48610443	2.86
8	车辆购置税	34525239	2.03
9	房产税	28885577	1.70
10	城镇土地使用税	23876031	1.40
11	印花税	22040072	1.30
12	资源税	16296301	0.96
13	耕地占用税	13188326	0.78
14	车船税	8311873	0.49
15	营业税	1786599	0.11
16	环境保护税	1513736	0.09
17	烟叶税	1113475	0.07
18	其他税收	351	0.00002

（二）个人所得税收入占税收总收入比重分析

自1980年颁布第一部《中华人民共和国个人所得税法》以来，我国个人所得税收入绝对额除2012年均呈现持续上升的态势，但在税收总收入中的比重一直维持在9%以下。在这期间，我国个人所得税进行了七次修改。1993年"三税合一"使得个人所得税收入占税收总收入的比重终于超过1%，随后几年个人所得税增长速度得到了明显的提升，到1999年，个人所得税收入占比达到3.87%。1999年恢复了对储蓄存款利息所得征税，使得2000年个人所得税收入规模以及占比均实现较大幅度的增长，到达5.24%。此后几年个人所得税收入占比缓慢上升至7%。2005年将费用扣除标准由每月800元提升至1600元，2007年提升至每月2000元，并且降低了储蓄存款利息所得税率，后对储蓄存款利息所得暂免征收个人所得税。这三次修改减轻了居民税收负担，但个人所得税收入的增长速度和占税收总收入的比重并没有明显下降，个人所得税收入占比仍然维持在7%左右。2011年再次将费用扣除标准提高为每月3500元，减并税率级次，扩大两个低档税率和最高档税率的适用范围，并且延长了纳税申报缴纳税款的时限，这一系列的措施导致2012年个人所得税收入负增长，个人所得税收入占比降为5.78%。但此后个人所得税收入又恢复到较高的增长率，个人所得税收入占税收总收入的比重也由2013年的5.91%上升至2018年的8.87%。

改革开放伊始诞生的个人所得税制度是商品经济、市场经济发展的产物，其收入是随着国家经济的发展而增长的，主要表现为随着市场化水平、工业化水平、城市化水平以及人均GDP水平的提高而不断增长。西方发达国家大多数都实行以所得税为主体的税制，因此，个人所得税的规模和比重在这些国家中都较大，甚至占绝对优势。随着我国改革开放的不断深入和经济的持续健康稳定发展，我国居民的总体收入水平不断提高，推动个人所得税收入快速增长，但与发达国家相比，个人所得税收入占税收总收入的比重仍然较小。

以上分析表明，我国个人所得税收入虽然上升趋势明显，但占税收总收入的比重还比较低，与党的十八届三中全会提出的"逐步提高直接税比重"的财税体制改革目标还有相当的距离；同时统一税制下各省（自治区、直辖市）居民收入水平差异较大，各省（自治区、直辖市）税收区域结构差异明显。

六、小结

自1994年"三税合一"以来，个人所得税法历经七次修改，我国个人所得税逐步形成了明显的特征。在收入结构方面，工资性收入贡献了超过一半的个人所得税收入，在我国个人所得税收入中占据绝对优势；在税源方面，区域异质性明显，东部发达地区贡献了绝大多数的个人所得税收入，远远高于中、西部地区；在行业贡献方面，第一产业对个人所得税收入的贡献微乎其微，个人所得税收入集中于第二产业中的制造业以及第三产业中的金融业；在纳税主体方面，民营企业从业人员支撑了个人所得税收入的70%以上，成为我国个人所得税的重要纳税主体；从个人所得税的财政特征来看，我国个人所得税收入的绝对值多年来呈现持续增长的态势，但是其占税收总收入的比重仍然较小，与其他主体税种如增值税、企业所得税相比，对于财政的支撑作用还有待提升。由此看来，要实现"提高直接税比重"的重大税制目标，个人所得税改革任重道远。

第二章 新个人所得税法改革的必要性

新个人所得税法改革有着它独特的历史缘由和时代使命。个人所得税税源日益丰沛，政策目标要求合理地进行社会再分配，党中央提出"优化税收结构""进一步提高直接税比重"的战略目标以及互联网信息技术的蓬勃发展等，都从各个方面对个人所得税制度的变革提出了迫切需求。而在这壮阔的时代背景下，我们将同大家一起乘坐"时空穿梭机"，回望过去40多年来个人所得税税制的起承转合：从20世纪80年代的双主体税制构想，再到1994年的分税制突破与国地税分离，抵达2018年的双主体税制回归。期待与大家一起站在时代的变革点认清新个人所得税法改革的必要性。

第一节 新个人所得税法改革的时代背景

改革开放40多年来，一方面，我国社会经济发展发生了历史性巨变，互联网信息技术和大数据应用不断成熟完善，中国经济奇迹举世公认，个人所得税税源处于历史上最丰沛的时期；另一方面，共同富裕的目标以及提高直接税比重的国家战略推动个人所得税改革终于拉开从分类所得税制改为综合与分类相结合的大幕。2018年个人所得税改革必将在中国税制改革历史上留下浓墨重彩的一笔。那么这次个人所得税改革缘起何处？我们认为其有着壮阔的时代背景。

一、税源大幅增长为改革创造必要条件

1978—2017年我国GDP按不变价格计算增长33.5倍，年均增长9.5%，远高于同期世界经济2.9%的年均增速，在全球主要经济体中名列前茅。如图

2—1 所示，1990—2017 年，除 1999—2001 年略低于印度、俄罗斯当年 GDP 增长率以及 2014—2017 年略低于印度当年 GDP 增长率外，我国 GDP 增长率都明显高于日、美和世界主要经济体。从 1978 年 GDP 仅有 3679 亿元，到 2017 年的 827122 亿元，这样高速的经济增长，尤其归功于国家鼓励一部分有条件的地区和人先富起来的政策，推动我国居民实际收入不断增长。而居民的实际收入正是个人所得税的源泉。这就意味着，40 多年来经济的高速增长涵养了丰富的个人所得税税源，个人所得税收入增长潜力巨大。时代呼唤个人所得税制度深化改革，国家需要把巨量个人所得税税源转化为个人所得税收入，社会渴望丰富的个人所得税收入来调节收入差距，中华民族共同富裕的伟大目标需要个人所得税完成历史担当。而且正因为个人所得税税源的增长，在采取提高费用扣除标准并且引入专项附加扣除项目[①]等措施来减轻中低收入纳税人负担时，才不至于引起很大的减收压力；同时，在整体上由分类向综合与分类相结合的重大改革为提高直接税比重开辟了道路，为 2018 年的个人所得税改革创造了必要条件。

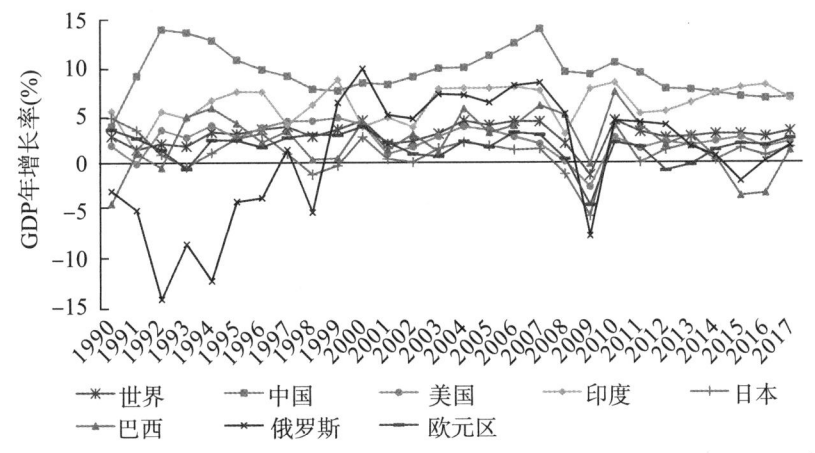

图 2—1　1990—2017 年中国、日本、美国和世界主要经济体 GDP 年增长率（％）[②]

[①] 2018 年 8 月 31 日第十三届全国人民代表大会常务委员会第五次会议《关于修改〈中华人民共和国个人所得税法〉的决定》引入"子女教育、继续教育、大病医疗、住房贷款利息或者住房租金、赡养老人等"六项专项附加扣除项目，2022 年 3 月 28 日国务院发布通知引入了"3 岁以下婴幼儿照护费用"专项附加扣除项目。

[②] 根据《国际统计年鉴》（https://data.cnki.net/yearBook/single?id=N2006020171）相关数据计算而得。

二、实现共同富裕需要个人所得税充分发挥再分配功能

我国是社会主义国家，社会主义的本质是解放和发展生产力，消灭剥削，消除两极分化，最终达到共同富裕。这就要求我国的贫富差距不能过于悬殊。党的二十大进一步强调，中国式现代化是全体人民共同富裕的现代化。共同富裕是中国特色社会主义的本质要求，也是一个长期的历史过程。近年来，国家高度重视贫富差距的问题，出台了一系列政策以缩小收入分配差距，促进社会的稳定。但是，现实情况是我国的收入差距仍然较为明显。个人所得税是进行收入再分配的有效工具，一直以来我国个人所得税实施的是以个人为单位的分类计征模式。然而，这种征收模式在税基、税率和费用扣除三个维度上都存在着公平价值的缺失，导致个人所得税不能有效发挥促进公平的效能。2011年以后，个人所得税应税收入分为九项税目，其中工资、薪金所得按照七级税率计征个人所得税，个体工商户的生产经营所得、对企事业单位的承包经营、承租经营所得按照五级税率计征个人所得税，劳动报酬采用三级税率计征个人所得税，其他类型的收入采取比例税计征。不难发现，在前一阶段的个人所得税税制结构中，劳动性收入和经营收入承担的税负具有累进性，而依靠财富获得的利息所得等收入的税负实际上是累退的，这与个人所得税收入的公平原则是相违的。取得劳动性收入的往往是收入较低的群体，而取得财富性收入的往往是收入较高的群体，而前者的累进性和后者的累退性不仅会打击劳动者的劳动积极性，也不利于维护社会公平。

同时，2018年前，由于税收征管制度的设计和技术水平等，对劳动性收入的征管更为严密，而对其他性质和来源的收入征管漏洞较大，因而纳税人收入越多元化，税负就相对越轻。在实际生活中，收入多元化的往往是收入较高的群体，而低收入群体的主要收入来源是工资、薪金以及劳务报酬等劳动性收入，即这部分低收入群体承担了较重的税负，在较长一个时期内，个人所得税实质上演变为工薪税。此外，我国一直以来以个人为单位的个人所得税计征方式没有考虑到个体所承担的家庭负担问题，应税收入相同的纳税人往往对应着不同的家庭负担。在城市化进程中，大量的农村青壮年涌入城市工作，他们取得的收入比来自城市的家庭条件良好的就业者总体要少，但是所面临的家庭负担却可能数倍于取得同等收入的富裕家庭成员。对这两类人征收相同的个人所得税显然不符合税收的公平和量能负担原则。而2011年修改的个人所得税法已难以为缩小贫富差距提供助力。因此，党的十八大后个人所得税改革的呼声渐起，缩小收入差距，促进社会公平的期许召唤新个人所得税法，因此有了2018年新个人所得税改革。

三、提高直接税比重要求把个人所得税作为政策抓手

进入新时期，我国国家治理的方式也在经历着向现代化的转型。财政是国家治理的基础和重要支柱，现代财政制度是国家治理现代化的基础。要实现国家治理现代化的转型，财政制度必须保持高能高效，提供国家治理现代化转型必需的财力。党的十八届三中全会提出了全面深化改革的思想和目标，《全面深化改革若干重大问题的决定》指出了包括个人所得税在内的六大税种改革方向，明确了要逐步建立综合和分类相结合的个人所得税制度。2014年中共中央通过了《深化财税体制改革总体方案》，明确深化财税体制改革的目标是建立统一完整、法治规范、公开透明、运行高效，有利于优化资源配置、维护市场统一、促进社会公平、实现国家长治久安的可持续的现代财政制度。同时要求在2016年基本完成新一轮税收体制改革的重点工作和任务，在2020年基本建立现代财政制度。深化税收制度改革的一个关键点就是税收制度结构的优化。当时税制存在着两个问题：一是直接税和间接税结构不协调，直接税比重低，而间接税比重高。针对这样的情况，要逐步完善直接税税制并提高其在税收收入中的比重。二是直接税内部企业所得税和个人所得税的比例失调。要解决以上两个不协调问题，就必须对个人所得税制度进行深化改革，建立和完善综合与分类相结合的个人所得税制度。

四、大数据应用技术推动个人所得税征管现代化

随着移动互联网、数字化、大数据等电子信息技术的发展，数据来源更为丰富，获取更为方便。科技力量在税收征管中的应用可以提高税收征纳的效率和纳税服务水平，为个人所得税改革提供技术保障。在当代复杂的社会经济生活中，纳税人的大量信息在网络平台上储存和传输，税务机关可以通过连接主要的网络平台进而利用大数据、云计算等技术清晰地获知纳税人收入相关信息，税务机关内部的互联系统以及与其他部门的互联系统能够为个人所得税的征收提供技术支持，从而有效降低偷税、漏税等的发生率，提高个人所得税征收的效率。此外，技术的高速发展使得税务机关官方网站、官方纳税平台以及相关软件的网络和技术环境已经渐趋成熟，纳税人不仅能够通过智能咨询、税

务学堂等渠道享受税务咨询服务，查询涉税信息和税收政策，还可以在专门的国家统一的个人所得税 APP 上自主申报纳税，这有助于提高个人的参与感，增强普通民众的纳税意识。同时，互联网信息技术日趋成熟，使得互联网监督机制和投诉渠道更为完善，从而为进一步提高税收工作的透明度和民众参与度创造条件，推动全体社会成员税收遵从度的逐步提升，实现个人所得税制度体系和征收能力的现代化。

五、小结

综上所述，改革开放以来经济的高速发展，税收征纳效率和服务水平的提高、纳税知识的普及、监督机制的日趋完善等都为个人所得税改革的实施提供了良好的环境支撑。结合我国现实条件和战略要求，实现共同富裕任务重、时间紧，因此必须提高直接税的比重。个人所得税作为直接税中的主要税种，必须成为实现共同富裕的重要税制支撑。由此，2018 年新个人所得税改革终于登上了历史的舞台。2020 年我国已实现全面建成小康社会的宏伟目标，共同富裕仍然是实现中国式现代化过程中需要进一步破解的难题，个人所得税改革还在路上。

第二节　中国税制改革的内在要求

个人所得税作为整体税制中非常重要的一部分，其改革需要与整体税制变迁的步伐保持一致。因此对个人所得税的分析需要放置在整体税制变革的背景与条件下进行。税收结构的变化包括税种设置与税种间关系的变化：税种设置主要为各个时期具体税种的设立与取消，税种间关系体现了各个时期的主体税种是什么。从当代众多国家的财税改革进程来看，主体税种的变动表现出从以间接税为主的单主体税制向间接税与直接税双主体税制的转变趋势。我国税制也随着经济发展、政策目标调整、社会价值观念转变，呈现出与时代变化紧密结合的特点。个人所得税法由此催生并持续修改，以期适应中国社会经济的发展，新个人所得税改革是中国税制改革的内在要求。

一、20世纪80年代：双主体税制构想与探索

新中国成立初期，民生凋敝、发展停滞，为了重建国家，政府需要在较短时间内迅速筹集财政资金，用于恢复经济和建设民生，于是以流转税为主的单主体税制应运而生。流转税从生产、流通、经营等多个环节来征收，税源相对稳定，对税收征管水平的要求也较低，不仅能在短时间内筹集财政收入，从长期来看，随着经济的发展，以流转税为主的税收收入也能实现持续增长，保证政府财政支出的刚性需求。不仅如此，流转税的征收阻力也相对较小，因为从表面上来看，流转税由生产者来缴纳，这种税收的隐蔽性导致课税阻力较小，政府能够较为容易地征得税收收入，征收效率较高。这一税制模式较好地契合了我国当时的发展现状和经济水平。

20世纪80年代，顺应时代潮流，我国实行改革开放，实行以公有制为主体的多种经济形式和以按劳分配为主的多种分配方式。我国的经济发展模式、国民收入分配等较以往发生较大转变，以流转税为主的单主体税制开始暴露出一些弊端。首先，我国国民收入分配格局的转变导致不同群体之间的初次收入分配差距凸显，当时以增值税、营业税为主，税负容易在生产流通环节转嫁给消费者。一般来说，收入越高的群体，其边际消费倾向越低；而收入越低的群体，其边际消费倾向越高，因此低收入群体缴纳的流转税额占收入的比例更大，流转税的这种累退性会拉大国民收入的分配差距，不仅会打击劳动积极性，也不利于社会公平。其次，有碍经济长期稳定发展。征收流转税会导致商品价格升高，抑制消费。如果税率设置不合理还会引起商品价格扭曲，扰乱市场供求平衡，妨碍企业生产结构的调整和竞争，不利于经济的长期可持续增长。最后，流转税的征收注重效率，难以充分兼顾公平。一般来说，流转税适用于实现经济效率目标，所得税适用于实现公平分配目标。新中国成立初期，选择征收效率较高的流转税无可厚非，但是随着改革开放的不断深入和经济的不断发展，税收在公平方面的调节功能越来越受到重视，所得税能够较好地体现量能负担的税收原则，调动社会成员的积极性，其累进性也具有自动稳定器的功能，对宏观经济波动具有自动调节作用。从国际经验来看，经济越发达的地区，税收收入中所得税占比也越大。因此面对这一系列新问题，我国开始探索新的税制模式，主张在流转税为主的单主体税制基础上征收所得税，发挥所得税在收入分配上的职能，努力探索建立兼顾公平与效率的双主体的平衡税制。

1980年，我国对个人所得试行征收个人所得税；1983年进行国营企业两步利改税改革，对国营企业的征税方式由利润上缴模式过渡为征收企业所得税。改革之后，所得税在税收收入中的占比大幅上升。据统计，1985年我国流转税比重为46.7%，所得税比重为34.3%，此时双主体税制模式已经初步显现。1986年和1988年，我国又相继开始征收城乡个体工商业户所得税和私营企业所得税，同时对中国大陆公民征收的个人所得税也改为个人收入调节税，所得税的征收覆盖范围更广，相应征税细则也更完善。至此，我国形成了流转税和所得税为主、财产税和其他税收为辅、多税种征收的复合税体系，对双主体税收模式的初步探索取得一定成效。不过，由于此时的税务机关征管水平较低，纳税人纳税意识较为薄弱，国家和企业的分配关系也存在一定矛盾，因此所得税的征收受到的阻力较大，之后的税收收入仍然呈现出流转税占主体，所得税比例偏低的情况。

二、1994年：分税制落地，税务机构国地分离

我国自1980年实行"分灶吃饭"财政体制以来，中央财政收入占财政总收入的比重不断下降，到了1993年，这一比重仅为31.6%，中央财政支出很大一部分需要靠地方上缴税收来维持，削弱了中央政府对国民经济的宏观调控能力。于是，1994年，我国开始实行相对较为集权的分税制体制，力图改变这种情况，适当提高财政收入占GDP比重，适当提高中央财政收入所占比例，使得中央政府掌握的财力与国家宏观调控的需要相一致。

分税制财政管理体制的主要内容有中央与地方财政支出的划分、中央与地方财政收入的划分以及政府间财政转移支付制度。首先，在中央和地方的事权和支出划分上，中央财政主要承担国家安全、外交和中央国家机关运转所需经费，调整国民经济结构、协调地区发展、实施宏观调控所必需的支出以及由中央直接管理的社会事业发展支出；地方财政主要承担本地区政权机关运转所需支出以及本地区经济、社会事业发展所需支出。其次，在中央与地方的收入划分上，根据事权与财权相结合的原则，按照税种划分中央与地方收入。将维护国家权益、实施宏观调控所必需的税种划分为中央税，比如消费税、车辆购置税、关税、进口增值税等；将同经济发展直接相关的主要税种划分为中央与地方共享税，例如增值税等；将适合地方征管的税种划分为地方税，充实地方税种，增加地方财政收入，例如城镇土地使用税、土地增值税等。分设中央与地方两套税务机构，国税机关征收中央税和中央与地方共享税，地方税务机构

征收地方税。最后,在政府间财政转移支付制度上,分税制相应调整了政府间转移支付的数量和形式,着重建立了中央财政对地方财政的税收返还制度。地方税收上缴完成后,中央通过财政支出,将一部分收入返还给地方使用。

在1994年的分税制改革中,个人所得税的税收收入全部归属地方财政,属于地方税,由地税局征管,但2002年,我国对税收收入分成做了调整,将所得税由地方税变为中央与地方共享税,按照6∶4的比例分成。此时的个人所得税本应转由国税局征管,但是由于当时个人所得税收入很少,而且国税机关和地税机关之间没有做好衔接,因此仍由地税局征管。这种分税制度使得个人所得税征收存在较大漏洞。首先,存在地区之间衔接的难题,纳税人在各地取得的收入无法实现无缝对接,跨地区、跨行业的个人所得税征管存在很多困难。其次,地方税务机关存在征管不严的情况。比如在对税收优惠政策的使用上,一些地区给予高收入的企业高管大量的个人所得税返还,或直接返还给个人,或返还给企业,使得高收入阶层的个人所得税负担非常低。总之,由于种种复杂的原因,分税制改革以来流转税比重不断上升,而所得税比重不断下降,流转税和所得税比重失调,强化了以流转税为主体的税制结构。而这种以流转税为主体的单主体税制结构使税收缺乏经济弹性,若国内经济产生波动,税收规模难以根据形势迅速改变,限制了税收调节经济的杠杆作用的发挥。同时也不利于调节高收入人群的分配,无法有效实现社会公平的目标。总体而言,这种以流转税为主体的单主体税制结构,不利于经济社会长远发展,随着我国税制的不断改革和调整,以增值税和所得税为核心的双主体税制结构才是上佳选择,推动了新个人所得税改革。

三、双主体税制回归:提高直接税比重

1994年分税制强化了间接税占主体地位的税收收入格局。间接税为主体的税制结构在实现税收收入职能上有优势,却难以充分实现收入分配的职能,导致"税收公平"问题凸显。

经济发展到一定阶段后,发展动力的转换、公平与效率优先性的调整、社会价值取向变迁无一不推动着财税制度因时而变,顺时而进。因而在改革浪潮澎湃的时代思考主体税种的选择具有历史必然性与现实紧迫性。一个国家与社会在主体税种上究竟应当作何选择?对于这个问题的解答或许可以从税制发展历史中探寻一丝规律。在农耕文明时期,自给自足的自然经济社会下,生产力水平低下,商品流通不畅,以商业流通为基础的间接税税基薄弱、税源贫乏,

个税改革知多少

以此作为主体税种在经济条件与技术条件上的现实可能性都极低，因而这一社会形态下将以土地、人丁为税基的原始直接税作为主体税种具有合理性。在工业文明时期，财税制度经历了脱胎换骨的变化。"家计财税"向"公共财政"的转变使政府职能范围扩大，以原始直接税为主体的税制已不能满足财政的需要，而此时恰逢商品经济的蓬勃发展，加强对商品生产与流通的课税有利于保障财政收入，以间接税为主的税收制度应运而生。在信息文明时期（或称后工业时代），产业结构的变迁与信息技术的进步再一次推动了税制结构的变革。一方面，先进入信息化时代的国家制造业外迁，产业结构的变动使整体税源与税源结构都发生了变化，以货物税、劳务税为基础的间接税难以满足财政收入的要求；另一方面，互联网技术的进步为直接税的征管提供了技术手段，直接税在财政收入中的比重逐步提升。综合上述情况，进入信息化时代的国家，根据自身的经济发展状况、历史传统、文化习俗以及各时期的政策要求所采取的税制主要可以划为以直接税为主体的单主体税制和以直接税与间接税并重的双主体税制。

党的十八届三中全会通过了《中共中央关于全面深化改革若干重大问题的决定》，我国进入全面深化改革时期，改革按下了加速键，财税改革也迎来了全新阶段。该决定首次明确提出了"逐步提高直接税比重"的要求。自此，"逐步提高直接税比重"成为新一轮税收改革的重要方向与主线。2014年6月通过的《深化财税体制改革总体方案》提出了更加详细具体的要求。新一轮财税体制改革有六大思路，其中改革税制这一思路强调了"逐步提高直接税比重"这一要求，重点锁定六大税种，即增值税、消费税、资源税、环境保护税、房地产税、个人所得税，围绕优化税制结构，提高直接税比重这一原则与方向提出改革目标，部署改革任务。其中对个人所得税的要求为"探索逐步建立综合与分类相结合的个人所得税制"。2016年，《中华人民共和国国民经济和社会发展第十三个五年规划纲要》强调，要"建立现代税收制度，逐步提高直接税比重"。同时对"营改增"、消费税、资源税、房地产税等税收制度的改革提出了要求[1]。

个人所得税是这一阶段的重点改革对象，也是本书的主要内容。2018年个人所得税法修订，个人所得税由分类模式转化为综合与分类相结合的模式，优化个人所得税扣除项目与附加扣除项目，调整税率结构，同时推进个人所得

---

[1] 《中华人民共和国国民经济和社会发展第十三个五年规划纲要》，http://www.gov.cn/xinwen/2016-03/17/content_5054992.htm。

税申报等配套改革。

2020年5月,《中共中央 国务院关于新时代加快完善社会主义市场经济体制的意见》要求加快建立现代财税制度,强调"深化税收制度改革,完善直接税制度并逐步提高其比重"与"建立和完善综合与分类相结合的个人所得税制度"[①]。《中华人民共和国国民经济和社会发展第十四个五年规划和2035年远景目标纲要》重申完善现代税收制度的改革目标,要"适当提高直接税比重","完善个人所得税制度,推进扩大综合征收范围,优化税率结构"[②]。从以上部署可以看出,新一轮税改工作不是针对个人所得税种的小修小补,而是从整体税收制度框架着手,严密构思顶层设计与底层逻辑,理顺税种间关系与央地政府间关系,为实现税收现代化治理功能、推动大发展的一次大改革。

四、小结

随着改革开放和经济发展,我国开始探索税制模式的改革,在以流转税为主的单主体税制基础上征收所得税,发挥所得税在收入分配上的职能,实现社会公平的目标,从而逐步建立兼顾公平与效率的双主体的平衡税制。分税制改革后,中央政府与地方政府"分灶吃饭",明晰了中央税与地方税的划分,同时规范了税制,确立了间接税与直接税双主体的税制结构框架。但在此后的实际运行中仍然偏重于收入筹集功能。在党的十八届三中全会后,我国进入全面深化改革阶段,税制的改革与调整更加体现了整体性、协调性与科学性,建立现代财税体系的政策目标要求"逐步提高直接税比重"。新个人所得税改革既是时代发展使然,也是中国税制改革的内在要求,推动了间接税与直接税双主体税制向前一步发展。

[①]《中共中央 国务院关于新时代加快完善社会主义市场经济体制的意见》,http://www.gov.cn/zhengce/2020-05/18/content_5512696.htm。

[②]《中华人民共和国国民经济和社会发展第十四个五年规划和2035年远景目标纲要》,http://www.gov.cn/xinwen/2021-03/13/content_5592681.htm。

第三章　新个人所得税法改革的政策内涵

新个人所得税法改革处于壮阔的时代背景下，是个人所得税发展历史大势、时代大潮的必然产物。新个人所得税法改革从"加""减""乘""除"四个方面对个人所得税制度进行了全面的修改，有利于降低中低收入群体的相对税负，促进税收量能负担优化，提升公民的纳税意识和税收遵从。同时，新个人所得税法改革在个人所得税发展进程中肩负重任，即实现由分类个人所得税制向综合与分类相结合的个人所得税制的历史转换。

第一节　新个人所得税法改革的主要内容

进入新时代，个人所得税被赋予新的要求，不仅要促进财税体制的优化完善，同时也要助推国家治理现代化的实现。为此，新个人所得税法改革从"加""减""乘""除"四个方向发力，涉及综合与分类、税收征管方式、费用扣除标准、税率、专项附加扣除等多项内容。随着综合功能的逐步完善，对中高收入者会更多地实现"综合"累进性税制，逐步发挥个人所得税分配调节功能，助力实现共同富裕。

一、综合与分类相结合"加法"改革

长期以来，由于收入多元化、收入不稳定以及预扣代扣等因素，个人所得税应纳税额与实际缴纳税额不匹配的现象较为普遍。分类所得税制向综合与分类相结合的模式转换可以促进解决这一问题，使得个人所得税收入分配功能更加合理，尤其是减轻以劳动所得为主要生活来源的中低收入群体的税收负担。

(一)"加法"落地,从分类所得税制到综合与分类相结合所得税制

新个人所得税法改革将个人所得税的应税项目仍分为九类,但工资、薪金所得,劳务报酬所得,稿酬所得以及特许权使用费所得都纳入综合所得,适用3%~45%的超额累进税率;经营所得单独计算,适用5%~35%的超额累进税率;利息、股息、红利所得,财产转让所得,财产租赁所得和偶然所得四类采用分类征收的方法,适用20%的比例税率。这是新个人所得税法的跨越性改革,对综合所得做了"加法",这个"加法"的效应将逐步显现。

(二)"加法"配套,更加系统的预扣预缴方式

新个人所得税法规定,个人综合所得需采用按月预扣预缴、按年汇算清缴的方式纳税。在预扣预缴综合所得税款时,工资、薪金所得实行的是累计预扣预缴,以纳税人在本单位截至当前月份工资、薪金累计收入减去各项累计法定扣除项目的余额作为累计预扣预缴应纳税所得额,对应表3-1的税率计算出累计应纳税额,再减去累计减免税额和累计已预扣预缴应纳税所得,计算出居民本期应预扣预缴的税额。劳务报酬所得、稿酬所得、特许权使用费所得实行的是按次或按月预扣预缴税款,以收入减除费用后的余额为应纳税所得额,其中稿酬所得的收入额减按70%计算。上述三类所得均采用相同的费用扣除标准:每次收入不超过4000元的,减除费用按800元计算;每次收入4000元以上的,减除费用按收入的20%计算。进行费用扣除后,再使用对应的预缴税率计算预缴税额。劳务报酬所得适用表3-2中的税率,稿酬所得、特许权使用费所得按20%的比例预扣。

表3-1 居民个人工资、薪金所得预扣税率表

级数	累计预扣预缴应纳税所得额	预扣率(%)	速算扣除数	对应月均收入
1	不超过36000元	3	0	3000元及以下
2	超过36000元至144000元的部分	10	2520	3000元以上至12000元
3	超过144000元至300000元的部分	20	16920	12000元以上至25000元
4	超过300000元至420000元的部分	25	31920	25000元以上至35000元
5	超过420000元至660000元的部分	30	52920	35000元以上至55000元
6	超过660000元至960000元的部分	35	85920	55000元以上至80000元
7	超过960000元的部分	45	181920	80000元以上

表 3-2 居民个人劳务报酬所得预扣率表

级数	预扣预缴应纳税所得额	预扣率（%）	速算扣除数
1	不超过 20000 元	20	0
2	超过 20000 元至 50000 元的部分	30	2000
3	超过 50000 元的部分	40	7000

年度终了进行汇算清缴时，这四项都纳入年度综合所得，在扣除基本费用6万元、专项扣除、专项附加扣除以及依法确定的其他扣除以后，按照3%~45%的超额累进税率计算应纳税额，然后根据应纳税额与预扣预缴税额的差距，进行税款的多退少补。

同时，在满足上年全年均由同一单位进行预扣预缴的个人且全年应税收入小于6万元的条件时，自2021年1月1日起，累计减除费用自1月份起直接按照全年6万元计算扣除，即在累计收入不超过6万元前不进行预扣预缴。劳务报酬对照使用上述规定。

二、改革红利"减法"降负

费用扣除标准是个人所得税的税制要素之一，我国个人所得税对其进行了多次调整，在这次个人所得税改革中也未缺席。除此之外，此次个人所得税改革首次引入专项附加扣除项目，纳税人根据个人情况可以选择不同额度的专项附加扣除，这是我国个人所得税改革史上首次系统性开启个人所得税专项附加扣除功能，是探索实现个人所得税公平税负的崭新改革。更加丰富的扣除改革为中低收入者个人所得税负担持续产生"减法"效应。

（一）费用扣除标准的第四次提高

新个人所得税法改革将费用扣除标准提高，由过去每月3500元增加到了每月5000元。费用扣除标准一直都是社会关注的重点，在经济发展、物价水平等因素的影响下，基本工资水平以及居民的消费支出水平也在提高，费用扣除标准的设定与调整应当和工资以及居民消费步调一致。

2011年个人所得税修改将费用扣除标准调整至3500元/月，当年的居民消费价格指数（以1978年为基准）为565，城市居民消费价格指数（以1978年为基准）为606.8，2018年上述两个指标分别上涨至650.9、702.4，上升幅度分别为15.2%、15.75%。此外，我国居民基本生活需求成本上升，如图

3-1 所示，居民人均消费支出和城镇居民人均消费支出分别从 2013 年的 13220 元和 18488 元增长至 2018 年的 19853 元和 26112 元，上涨幅度分别为 50.17% 和 41.24%。我国居民消费支出大幅上升，除了价格水平的影响之外，需求的范围和品质也发生了变化。总体而言，每月 3500 元的费用扣除标准明显已经不适合，此次改革使得费用扣除标准的提高，降低了中低收入人群的税收负担，让月收入 3500 元以上、5000 元以下的群体免于缴纳个人所得税。

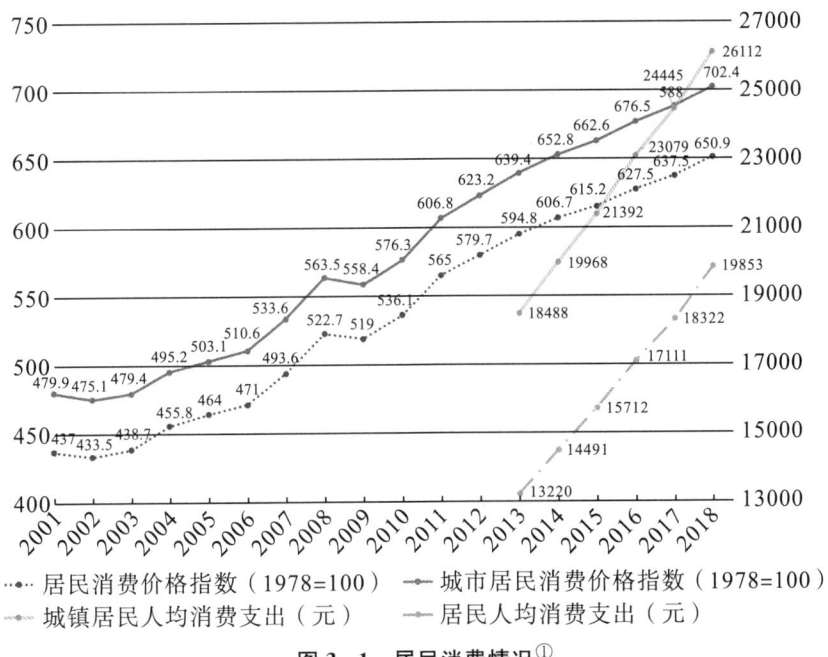

图 3-1　居民消费情况①

（二）专项附加扣除项目的增加

本次个人所得税改革的一个亮点就是增加了子女教育、继续教育、赡养老人、住房贷款利息、住房租金、大病医疗及 3 岁以下婴幼儿照护费用等专项附加扣除项目，这些都是与民众日常生活联系最为紧密的支出。在纳税人取得工资、薪金时，可以向扣缴义务人提交专项附加扣除信息，让扣缴义务人代扣代缴时扣除。在年度综合所得应缴税额计算时，综合所得除了扣除基本费用 6 万元以及专项扣除和其他法定扣除项目以外，还要扣除专项附加扣除项目后才是

---

① 根据 2002—2019 年《中国统计年鉴》（http://www.stats.gov.cn/tjsj./ndsj/）相关数据汇总而得。

应纳税所得额,最后按照合适的税率计算应缴税额。

专项附加扣除较好地体现了量能负担的原则,从纳税人综合所得中扣除了一些个人以及家庭的生活成本费用,降低了中低收入人群的相对税收负担,有利于缩小贫富差距,提高人民群众获得感,推进民生改善。

三、税率级距调整"乘法"优化

本次个人所得税改革对个人所得税征收的税率级距进行了调整,主要体现在工资、薪金所得和经营所得的超额累进税率表上。新个人所得税法改革后,工资、薪金所得纳入综合所得的范畴,采用改革后的综合所得税率级距,实现"乘法"优化。

(一)工资、薪金所得适用税率级距的调整

工资、薪金所得适用的超额累进税率表主要有两个方面的变化:第一,拉大了中低收入段3%、10%、20%三档低税率的级距;第二,缩小了中高收入段25%这一档税率的级距,并保持了高收入段30%、35%、45%三档高税率级距不变。改革前后税率对比如表3-3和表3-4所示。

表3-3 改革前工薪收入所得税率

级数	全月应纳税所得额	税率	速算扣除数
1	不超过1500元的	3%	0
2	超过1500元至4500元的部分	10%	105
3	超过4500元至9000元的部分	20%	555
4	超过9000元至35000元的部分	25%	1005
5	超过35000元至55000元的部分	30%	2755
6	超过55000元至80000元的部分	35%	5505
7	超过80000元的部分	45%	13505

表 3-4　改革后综合所得税率表

级数	全月应纳税所得额	税率	速算扣除数
1	不超过 3000 元的	3%	0
2	超过 3000 元至 12000 元的部分	10%	210
3	超过 12000 元至 25000 元的部分	20%	1410
4	超过 25000 元到 35000 元的部分	25%	2660
5	超过 35000 元到 55000 元的部分	30%	4410
6	超过 55000 元到 80000 元的部分	35%	7160
7	超过 80000 元的部分	45%	15160

（二）经营所得适用税率级距的调整

经营所得适用的五级超额累进税率也在级距方面做了调整。5%到35%五档税率所对应的级距均大幅扩大，全面降低了个体经营者的税收负担。税率表在改革前后的变化如表3-5和表3-6所示。

表 3-5　改革前经营所得税率表

级数	全年应纳税所得额	税率	速算扣除数
1	不超过 15000 元的	5%	0
2	超过 15000 元至 30000 元的部分	10%	750
3	超过 30000 元至 60000 元的部分	20%	3750
4	超过 60000 元至 100000 元的部分	30%	9750
5	超过 100000 元的部分	35%	14750

表 3-6　改革后经营所得税率表

级数	全年应纳税所得额	税率	速算扣除数
1	不超过 30000 元的	5%	0
2	超过 30000 元至 90000 元的部分	10%	1500
3	超过 90000 元至 300000 元的部分	20%	10500
4	超过 300000 元至 500000 元的部分	30%	40500
5	超过 500000 元的部分	35%	65500

此次税率级距的变化对于纳税人来说，税收负担减轻的效果是十分显著的。以主要取得工薪收入的张先生为例，为了说明改革的乘法效应，先剔除费用扣除标准提升的影响。假设在改革前后，张先生在个人所得税扣除费用后每月取得的应纳税所得额均为6000元，如果按照改革前的费用扣除标准以及税率表计算，张先生应缴纳6000×20%－555＝645（元），改革后张先生应缴纳6000×10%－210＝390（元），减税降幅达40%。

四、个人所得税筹划"除法"有道

个人所得税由分类向综合与分类相结合演变，个人所得税筹划面临新情况、新约束、新空间。个人所得税筹划要"除法"有道，提升税收遵从。个人在税法许可的范围内合理筹划，可以减轻税收负担，控制涉税风险，从而增加税后收入。同时，新个人所得税法改革后，居民个人需要自主申报专项附加扣除项目，而且在年度终了时需要自行申报进行汇算清缴，否则就可能无法享有退税收益，这有利于提升我国纳税人的税收遵从，提高纳税人的纳税意识。

（一）专项扣除和专项附加扣除的筹划

充分利用专项扣除和专项附加扣除来筹划。例如，专项扣除中的住房公积金，企业和单位可以在5%～12%之间缴存，如果企业按照最高标准12%缴存，不仅可以增加职工福利，还可以提高员工专项扣除的金额，减少个人所得税的缴纳金额。再如，子女教育专项附加扣除可以在父母双方中任意一方扣除，也可以父母双方平均扣除。以一名子女为例，该家庭（即父母双方）合计可以扣除的金额为1000元，在双方父母扣除其他项目后的应纳税所得额适用税率相同，即父母双方收入差异不大的情况下，该项扣除无论是由父亲扣除、母亲扣除抑或是双方平均扣除都没有差别。但是，当父母应税收入差异较大时，由谁扣除的选择就会产生税收实际负担差异。假设在扣除其他所有项目后父亲的应纳税所得额为26000元/月，母亲的应纳税所得额为5000元/月。现在有三种方案：一是将1000元全部由父亲扣除，二是将1000元全部由母亲扣除，三是双方各扣除500元。下面依次计算三种方案下全家应缴纳的个人所得税。

第一种方案缴纳的个人所得税＝（26000－1000）×20%－1410＋5000×10%－210＝3880（元/月）；

第二种方案缴纳的个人所得税＝26000×25%－2660＋（5000－1000）×

10%−210=4030（元/月）；

第三种方案缴纳的个人所得税=（26000−500）×25%−2660+（5000−500）×10%−210=3955（元/月）。

每月预扣预缴时最优方案可节约150元，次优方案可节约75元，年终汇算清缴时由于税率跳档等因素可能会节约更多的个人所得税支出。显然，为了减轻家庭的整体纳税压力，可以把子女教育这一项目放在收入较高的一方扣除，使得收入较高的一方适用税率降低。其他可以选择扣除人的项目均存在类似筹划。

（二）劳务报酬所得、稿酬所得和特许权使用费所得的筹划

劳务报酬所得、稿酬所得和特许权使用费所得的筹划核心就是增加费用扣除。由于新个人所得税法规定，收入在4000元以下，费用扣除按800元计算，否则将会按收入的20%计算。因此，均分或延迟收入将每次收入控制在4000元以下可以达到预扣预缴时减轻税收负担的效果，从而获得这部分货币的时间价值。

（三）全年一次性奖金的筹划

财税〔2018〕164号文规定，居民个人取得全年一次性奖金有两种计税方式可供选择：一种是单独计税，即不并入当年综合所得，而是将年终奖除以12后，根据按月换算后的综合所得税率表（见表3−7）适用税率和速算扣除数计算，从而单独得出应纳税额。另一种则是并入当年综合所得计税，即将年终奖与工资、薪金所得，劳务报酬所得，稿酬所得以及特许权使用费所得四项综合所得合并在一起，再根据合并后的数额计税。其中，单独计税的优惠政策适用期到2021年12月31日截止（关于延续实施全年一次性奖金等个人所得税优惠政策的公告将这一时间延长至2023年底[①]），在这之后取得的年终奖只能并入综合所得计税。

---

① 《关于延续实施全年一次性奖金等个人所得税优惠政策的公告》（http://www.gov.cn/zhengce/zhengceku/2021−12/31/content_5665897.htm）规定将全年一次性奖金单独计税优惠政策执行期限延长至2023年12月31日。

表 3−7　按月换算后的综合所得税率表

级数	应纳税所得额	税率（%）	速算扣除数
1	不超过 3000 元的	3	0
2	超过 3000 元至 12000 元的部分	10	210
3	超过 12000 元至 25000 元的部分	20	1410
4	超过 25000 元至 35000 元的部分	25	2660
5	超过 35000 元至 55000 元的部分	30	4410
6	超过 55000 元至 80000 元的部分	35	7160
7	超过 80000 元的部分	45	15160

假设纳税人只有一个收入来源——工资、薪金所得，每年会得到一笔年终奖金，那么我们根据工资、薪金应纳税所得额和包括年终奖的全年应纳税所得额的情况来分类讨论年终奖应当选择哪一种计税方式。当工资、薪金应纳税所得额（在扣除法定扣除项目之后的）小于或等于 0 时，年终奖应并入综合所得计税。因为如果单独计税，工资、薪金所得那部分是不需要纳税的，但是如果并入综合所得，工资、薪金应纳税所得额是负数或者 0，还可以使得全年应纳税所得额低于或等于年终奖的数额，使得适用税率低于或等于单独计税的税率。当工资、薪金应纳税所得额大于 0，且包括年终奖的全年应纳税所得额不超过 36000 元时，年终奖选择任一方法纳税没有任何区别，因为无论是单独计税还是并入综合所得计税，所适用的税率都是 3%。最后，当工资、薪金应纳税所得额大于 0，且包括年终奖的全年应纳税所得额大于 36000 元时，尽可能采用单独计税法，因为并入综合所得后得到的全年应纳税所得额所适用的税率会高于二者单独计税所适用的税率。

五、小结

新个人所得税法改革与以往数次个人所得税法修改不同，在征税模式、费用扣除标准与专项附加扣除、税率级距调整以及税务筹划四个方面均有较大变化，上文用了"加""减""乘""除"来表述。"加法"通过向综合与分类相结合的转换实现了个人所得税制度的进步，"减法"通过费用扣除标准的提高与新增专项附加扣除项目实现了为中低收入群体减负，"乘法"通过税率级距的调整促进税收量能负担优化，"除法"通过拓展个人所得税筹划空间以各项扣除实现税收公平。并且，该次改革综合性强，有利于增强公民的纳税意识，提高纳税能力。无论是在税制要素的调整上还是在个人所得税调节功能的实现上，此次改革都将是我国个人所得税改革史上浓墨重彩的一笔。

第二节　新个人所得税法改革的模式转换

在上一节中，我们首先具体分析了新个人所得税法改革的主要内容，新个人所得税法改革不仅是对纳税人个人所得税负担的"加""减""乘""除"的政策调节，而且在理论与政策上标志着我国个人所得税实现了由分类向综合与分类相结合税制的历史转换，开启了个人所得税制新模式。这种税制模式结合了分类个人所得税制和综合个人所得税制的特点。理论上一般将个人所得税税制模式划分为三种类型，分别适应不同发展阶段和不同特征的国家。就我国目前的社会经济实际来看，实行综合与分类相结合的制度是上佳之选。

一、综合与分类相结合税制的理论基础

（一）个人所得税的三种税制模式

全球绝大多数国家开征了个人所得税，但受制于经济水平、税收征管能力、居民纳税意识和税收遵从、历史文化等因素，各国个人所得税税制模式并不一致。对于纳税人不同来源的应税所得，可以使用统一的累进税率或比例税率，也可以采用不同的税率，由此形成不同的税制模式。一般认为个人所得税税制模式主要有三种：分类个人所得税制、综合个人所得税制、综合与分类相结合的个人所得税制。各国个人所得税的不同首先体现为税制模式的不同。从实践经验来看，三种模式各有利弊，其适用的国情也不尽相同。

1. 分类个人所得税制

分类个人所得税制主要是指将各种应税所得，根据不同来源分成不同类别，实行不同的税率、扣除和征管。这一模式的优点在于一般采用源泉扣缴法，能够有效控制税源，办理简便，易于征管，节约征纳成本。其缺陷在于难以充分体现税收量能负担原则，实现税负公平，因为根据所得的类型而非纳税人综合负税能力来征税，可能会导致所得总额相同的纳税人的税负不同，甚至

所得总额更高者可能会得益于收入来源类别较多而承担较低的税负；此外，实行统一标准的"一刀切"的个人所得税征收模式，忽视了纳税人的实际经济情况，无法有效实现量能负担。2019年1月1日新个人所得税法实施之前，我国已实行38年的分类个人所得税制，将应税所得分为工资、薪金所得，个体工商户的生产、经营所得，对企事业单位的承包经营、承租经营所得，劳务报酬所得，利息、股息、红利所得，财产租赁所得，财产转让所得等共计12类收入，根据每一类的所得来源进行源泉扣缴，并分别使用不同的税率和扣除标准。

2. 综合个人所得税制

综合个人所得税制是将综合纳税人一定时期内取得的全部所得减去扣除项目及法定豁免项目后的余额作为应纳税所得额，采用累进税率对所得额征税的一种税制模式。综合个人所得税制的优点在于将个人乃至家庭的全部收入综合起来进行税收的计量，有利于实现税收公平。缺点在于对税务部门征管能力要求高，对纳税人的纳税意识和税收遵从要求高；同时，它在征收管理上采用的是申报征收，课税的流程相对繁琐，征纳双方的成本较高。在实际的征收过程中，因为各类所得的差异是在所难免的，所以会存在不同类型的收入所得对应不同的费用扣除标准，或者一些特殊所得实行税收优惠待遇的情况，如果没有充分掌握纳税人收入情况，容易出现综合所得的征收效率低、税收工作量大、税务诉讼多等问题。目前美国、欧洲大多数国家都采用了综合征税模式。

3. 综合与分类相结合的个人所得税制

综合与分类相结合的个人所得税制融合了分类个人所得税制和综合个人所得税制的特点，将分类课征和综合计征的方式相结合，综合课征的对象是大多数所得，只将个别所得纳入分类征税范围。对于纳入综合征收范围的所得采用源泉扣缴方式，先按一定比例预缴税款，年终时纳税人就纳入综合征收范围的全部所得进行申报，根据相匹配的超额累进税率进行综合征收，汇算清缴，源泉扣缴已纳税款准予抵扣，多退少补。这种模式兼具了分类个人所得税制和综合个人所得税制的优点，考虑了不同纳税主体的经济状况，能够实现量能负担。当然其税制设计相较于单独实行分类个人所得税制或单独实行综合个人所得税制可能更为繁琐与复杂。如前所述，2019年1月1日起，我国实行了这种税制，其中综合所得为工资、薪金所得，劳务报酬所得，稿酬所得及特许权使用费所得，其他的为分类项目。这是一种符合我国当前实际的税制模式。

(二) 个人所得税税制发展变化的主要因素

一个国家个人所得税税制模式的发展变化受诸多因素的影响,其中主要包括国家的经济发展水平、广大民众的纳税意识和税收遵从、政府的税收政策目标以及税收征管水平。从1980年立法开征个人所得税到2018年新个人所得税法运行,个人所得税的改革发展与这四方面因素息息相关,世界各国个人所得税的演变发展也同样如此。

1. 国家的经济发展水平

个人所得税征收首先依赖于国家的经济发展水平。国家的经济发展水平越高,个人的收入水平越高,个人所得税的征收范围也就越广、征收形式也就越丰富。社会经济的不断发展要求在个人所得税制度的设计中考虑更多的因素,发挥更多的功能,实现更多的目标。总的趋势是由分类向综合个人所得税制度演进。美国、日本、蒙古所选择的个人所得税制度分别为综合个人所得税制度、综合与分类相结合的个人所得税制度以及分类个人所得税制度,这与三个国家的经济水平和国家传统是相对应的。

总体来看,美国等发达国家的个人所得税处于税收体系中的主体地位,而发展中国家的个人所得税大多处于辅助地位。就我国而言,在以前很长的一段时间国民收入普遍不高,个人所得税征收基础薄弱,但随着经济的迅速发展和国民收入的普遍提高,个人所得税的征收变得越来越重要。同时,我国国民收入水平差距逐步拉大,基尼系数持续上升,要求充分发挥个人所得税的调节功能,缩小贫富差距,实现共同富裕,这成为个人所得税改革紧迫而重大的战略目标。

2. 广大民众的纳税意识和税收遵从

居民的纳税意识和税收遵从也是个人所得税税制选择过程中需要考虑的重要因素,纳税意识与税收遵从会影响纳税人的纳税行为。个人所得税与其他间接税不同,对于间接税,税务局可以通过商品和票据的流转等信息进行控税,而个人所得税在极大程度上需要纳税人的积极配合,尤其是综合个人所得税制。在综合个人所得税制下,需要居民自行申报纳税,要求纳税人具备较强的纳税意识,提升税收遵从。在居民的纳税意识和税收遵从薄弱的条件下,采用综合所得税制度会出现部分居民在申报纳税时少报、漏报的情形。整体而言,分类所得税制采取源泉扣缴的方式,由代扣代缴单位负责个人所得税纳税事宜,对纳税人的纳税能力和纳税意识要求最低。综合与分类相结合的个人所得

税制由于采取源泉扣缴和自行申报相结合的方式，因而对居民的纳税意识与纳税能力要求居中。

3. 政府的税收政策目标

政府的税收政策目标分为财政收入目标、资源配置目标、经济增长目标以及收入再分配目标等。如果政府税收政策目标以财政收入、资源配置或经济增长目标为主，则更多地偏向以间接税为主的税制，在这种税制下，个人所得税发挥功能的空间有限，采用分类个人所得税制直接进行源泉扣缴更具有效率。如果政府税收政策目标以收入再分配为主，由于个人所得税具有显著的收入调节功能，则需要充分发挥个人所得税的作用，使之成为主体税种，成为"富人税"，并且随着社会经济发展，越富裕、综合收入越高的纳税人收入来源渠道越多元化，政府在课税模式的选择上通常以综合个人所得税制为主。

4. 税收征管水平

税务机关的征管水平也是重要的影响因素之一。从三种税制模式的课征技术要求上看，分类税制对征管水平的要求较低，而综合税制以及综合与分类相结合的税制征收管理复杂，扣除项目多样，需要税务机关具备较高的征管水平，全面、及时掌握纳税人的收入情况，对纳税人的纳税收入来源、申报信息等实施有效监管，从而实现自行申报综合征收有效运行。也就是说，税收征管水平高的国家，在个人所得税税制模式的选择上，会侧重于综合所得税制；反之，则实行分类所得税制。

二、综合与分类相结合税制的政策目标

一直以来，我国个人所得税实施的是分类税制，这种课税模式适合经济水平较低、收入形式单一的年代；随着我国市场经济的高速发展，出现了先富起来的地区和群体，分类税制难以实现多得多缴的公平效应。2019年1月1日新个人所得税法正式颁发实施，将我国个人所得税从分类征收模式转变为综合与分类相结合的模式，我国个人所得税改革迈出了关键性一步。

（一）综合与分类相结合的税制是我国个人所得税的长期目标

从表3-8可以看出，"综合与分类相结合的个人所得税制度"在1996年国家"九五"计划中就已明确提出，经过多年对个人所得税制的不断修改，最终在2018年推出新个人所得税法，"综合与分类相结合的个人所得税制"终于

得以落地。

表 3-8 重要文件中对个人所得税改革的论述

年份	文件名	关于个人所得税改革的论述
1996	《中华人民共和国国民经济和社会发展"九五"计划和 2010 年远景目标纲要》	建立覆盖全部个人收入的分类与综合相结合的个人所得税制
2006	《中华人民共和国国民经济和社会第十一个五年规划纲要》	实行综合与分类相结合的个人所得税制
2011	《中华人民共和国国民经济和社会第十二个五年计划纲要》	逐步建立健全综合与分类相结合的个人所得税制
2013	《中共中央关于全面深化改革若干问题的决定》	逐步健全综合与分类相结合的个人所得税制
2014	《深化财税体制改革总体方案》	探索逐步建立综合与分类相结合的个人所得税制
2016	《中华人民共和国国民经济和社会第十三个五年规划纲要》	探索逐步建立综合与分类相结合的个人所得税制
2018	《关于修改〈中华人民共和国个人所得税法〉的决定》	正式确立建立综合与分类相结合的个人所得税制

（二）综合与分类相结合的税制是适应我国的上佳选择

从经济发展水平的角度来看，我国正在由工业化中期进入工业化后期，人均国内生产总值达到中等收入国家水平。伴随着所得来源多元化，劳动所得与投资所得的差异已经转换为低收入者与高收入者之间的收入差距。这些特征的出现，表明我国个人所得税税制模式应由分类所得税制向较为综合的个人所得税制度转变。与此同时，我国的国际化水平日益提高，资本的跨国流动日益增加，为防止资本外逃，需要对利息、股息等投资所得采取特殊的征税办法，实施单独征税。在这种情况下，中国的个人所得税税制模式更加需要实行综合与分类相结合的所得税制。

从居民纳税意识和税收遵从的角度来看，近年来，对税收政策、理论与知识的社会普及在一定程度上减轻了部分纳税人对个人所得税的"抗拒感"与"厌恶感"，纳税知识和纳税技能的传播与学习增强了居民的纳税意识，提高了居民的纳税能力。同时，对偷逃税的法律惩罚与个人所得税信息的互联互通使得偷逃个人所得税的成本加重，提高了税收遵从。因此，综合与分类相结合的

税制是适合我国国情的上佳选择。

从政府的税收政策目标来看，完善再分配制度，加大税收收入分配调节力度，是推动共同富裕的重要途径。因此，必须进一步健全有利于调节居民收入分配的税收制度。加快实行综合与分类相结合的个人所得税制模式，可以有效逆转居民收入分配差距逐步扩大的态势。

从税收征管技术与水平的角度来看，个人所得税管理信息化这些年有了很大的进步。1994 年到 1998 年，金税工程一期顺利在全国推行，目前已经完成金税三期工程。2020 年 12 月，国家税务总局发布金税四期政府采购意向公告，在金税三期的基础上，金税四期在非税业务、与人民银行信息联网、企业人员信息信用管控以及云服务四个方面进行了升级，其中非税业务与企业人员信息信用管控板块将实现包括但不限于社保入税以及个人纳税信息的监控与管理。此外，早在 2007 年，我国各地税务机关就联合推行横向联网电子缴税工作，推出了相关信息处理系统，该系统为各地信息共享创造了良好的开端。我国金税工程和个人所得税重点税源监控工程，丰富了个人所得税信息化基础，优化了技术手段，为综合与分类相结合的征收技术操作提供了充分的条件。

三、小结

一国个人所得税制度选择的主要因素包括国家的经济发展水平、广大民众的纳税意识和税收遵从、政府的税收政策目标和税收征管水平等。一般而言，经济发展水平低，广大民众的纳税意识薄弱、税收遵从差，政府的税收政策目标以效率和财政收入为主以及税收征管水平较为低下的国家更适合采用"源泉扣缴、代扣代缴"的分类个人所得税制；反之，则更适合"自行申报"的综合个人所得税制。而处于二者中间水平的国家适合采用"源泉扣缴"加"自行申报"的综合与分类相结合的个人所得税制。从我国的国情和社会经济发展战略出发，综合与分类相结合的个人所得税制度是现阶段的优选制度。

第四章　新个人所得税法改革的经济影响

"营改增"后，个人所得税改革成为最迫切的税制改革任务。党的十八届三中全会提出的深化财税体制改革的核心就在于提高直接税比重，优化税制结构，更好地发挥税收调节收入分配、促进经济发展方式转变、保障改善民生的重要功能。个人所得税是主要的直接税税种之一，我国开征个人所得税以来，其间虽有过七次修改，但只是对费用扣除标准、税率结构等做了一些调整，并没有触及根本的税制模式转型问题。而新一轮的个人所得税改革不仅提高了费用扣除标准、优化了税率结构、增加了专项附加扣除项目，更重要的是建立了综合与分类相结合的个人所得税制。这一深刻变革不仅使我国的个人所得税从以往的"逆向缩基"转向"正向扩基"，其产生的经济效应也将在未来更长的时期内发挥作用。

第一节　新个人所得税法改革迈向税基拐点

2018年前个人所得税的多次修改，总体来说导致了我国个人所得税的税基不断缩小，对此，我们用"逆向缩基"来描述界定。"逆向缩基"非常不利于个人所得税调节作用的实现，弱化了个人所得税收入功能，有碍纳税意识的提升。要实现共同富裕，急需个人所得税改变这一局面，转向"正向扩基"。"提高直接税比重"的战略催生了个人所得税制度深化改革，得以进入从"逆向缩基"转为"正向扩基"的当代拐点。

个税改革
知多少

一、个人所得税之谜

(一) 个人所得税收入占比增长"缺位"之谜

改革开放以来,中国的 GDP 从 1978 年的 3650.2 亿元增加至 2018 年的 900309.5 亿元①,排名世界第二,创造了经济增长的奇迹。同时,随着我国税收制度的多次调整与改革,税收收入结构也一直在变化。

如表 4-1 所示,1994 年,我国 86% 的税收收入来自间接税,其中主要的间接税占 73%,直接税所占的比重仅为 14%。经过 20 余年的税收制度改革,直接税在税收收入中的地位有所提升。2018 年,直接税比重上升为 30%,主要流转税的占比下降为 48%。这一变化表明我国"逐步提高直接税比重"目标开始落地,然而,要完全实现这一重大目标,任务还很艰巨。

---

① 根据国家统计局(https://data.stats.gov.cn/easyquery.htm?cn=C01)相关数据整理而得。

表 4-1 我国 1994—2021 年税收入

指标	税收 (亿元)	增值税 (亿元)	营业税 (亿元)	消费税 (亿元)	关税 (亿元)	主要流转税 占比	个人所得税 (亿元)	个人所得税 占比	企业所得税 (亿元)	企业所得税 占比	直接税 占比
2021	172731.00	63519	—	13881	2806	46.43%	13993	8.10%	42041	24.34%	32.44%
2020	154312.29	56791.24	—	12028.10	2564.25	46.26%	11568.26	7.50%	36425.81	23.61%	31.10%
2019	157992.21	62346.22	—	12561.52	2889.11	49.24%	10388.48	6.58%	37300.07	23.61%	30.18%
2018	156402.86	61530.77	—	10631.75	2847.78	47.96%	13871.97	8.87%	35323.71	22.59%	31.45%
2017	144369.87	56378.18	—	10225.09	2997.85	48.21%	11966.37	8.29%	32117.29	22.25%	30.54%
2016	130360.73	40712.08	11501.88	10217.23	2603.75	49.89%	10088.98	7.74%	28851.36	22.13%	29.87%
2015	124922.20	31109.47	19312.84	10542.16	2560.84	50.85%	8617.27	6.90%	27133.87	21.72%	28.62%
2014	119175.31	30855.36	17781.73	8907.12	2843.41	50.67%	7376.61	6.19%	24642.19	20.68%	26.87%
2013	110530.70	28810.13	17233.02	8231.32	2630.61	51.48%	6531.53	5.91%	22427.20	20.29%	26.20%
2012	100614.28	26415.51	15747.64	7875.58	2783.93	52.50%	5820.28	5.78%	19654.53	19.53%	25.32%
2011	89738.39	24266.63	13679.00	6936.21	2559.12	52.87%	6054.11	6.75%	16769.64	18.69%	25.43%
2010	73210.79	21093.48	11157.91	6071.55	2027.83	55.12%	4837.27	6.61%	12843.54	17.54%	24.15%
2009	59521.59	18481.22	9013.98	4761.22	1483.81	56.69%	3949.35	6.64%	11536.84	19.38%	26.02%

① 根据 1995—2021 年《中国统计年鉴》(http://www.stats.gov.cn/tjsj/ndsj/) 和财政部《2021 年财政收支情况》(http://www.gov.cn/shuju/2022-01/29/content_5671104.htm) 相关数据计算而得。由于 1994 年以前我国税制先后进行了多次改革，涉及增值税、营业税、关税、企业所得税等，为保证数据的可获得性和可比性，此处仅列示我国 1994—2021 年税收入的变化情况。

续表

指标	税收(亿元)	增值税(亿元)	营业税(亿元)	消费税(亿元)	关税(亿元)	主要流转税占比	个人所得税(亿元)	个人所得税占比	企业所得税(亿元)	企业所得税占比	直接税占比
2008	54223.79	17996.94	7626.39	2568.27	1769.95	55.26%	3722.31	6.86%	11175.63	20.61%	27.47%
2007	45621.97	15470.23	6582.17	2206.83	1432.57	56.31%	3185.58	6.98%	8779.25	19.24%	26.23%
2006	34804.35	12784.81	5128.71	1885.69	1141.78	60.17%	2453.71	7.05%	7039.60	20.23%	27.28%
2005	28778.54	10792.11	4232.46	1633.81	1066.17	61.59%	2094.91	7.28%	5343.92	18.57%	25.85%
2004	24165.68	9017.94	3581.97	1501.90	1043.77	62.67%	1737.06	7.19%	3957.33	16.38%	23.56%
2003	20017.31	7236.54	2844.45	1182.26	923.13	60.88%	1418.03	7.08%	2919.51	14.58%	21.67%
2002	17636.45	6178.39	2450.33	1046.32	704.27	58.85%	1211.78	6.87%	3082.79	17.48%	24.35%
2001	15301.38	5357.13	2064.09	929.99	840.52	60.07%	995.26	6.50%	2630.87	17.19%	23.70%
2000	12581.51	4553.17	1868.78	858.29	750.48	63.83%	659.64	5.24%	999.63	7.95%	13.19%
1999	10682.58	3881.87	1668.56	820.66	562.23	64.90%	413.66	3.87%	811.41	7.60%	11.47%
1998	9262.80	3628.46	1575.08	814.93	313.04	68.35%	338.59	3.66%	925.54	9.99%	13.65%
1997	8234.04	3283.92	1324.27	678.70	319.49	68.09%	259.55	3.15%	963.18	11.70%	14.85%
1996	6909.82	2962.81	1052.57	620.23	301.84	71.46%	193.06	2.79%	968.48	14.02%	16.81%
1995	6038.04	2602.33	865.56	541.48	291.83	71.24%	131.39	2.18%	878.44	14.55%	16.73%
1994	5126.88	2308.34	670.02	487.40	272.68	72.92%	72.67	1.42%	708.49	13.82%	15.24%

第四章 | 新个人所得税法改革的经济影响

从我国直接税的收入构成看，企业所得税做了主要贡献；而个人所得税自开征以后，在税收收入中的占比一直保持在4%～9%的水平，远远低于发达国家和OECD国家平均水平（见图4-1），也低于发展中国家印度20%左右的水平。长期以来，我国个人所得税收入占比较低，与经济的高速增长、社会居民收入的大幅提高、先富地区和人员快速增加不匹配。个人所得税收入占比增长"缺位"下的国家经济大发展和居民收入大增长，可称为中国"个人所得税之谜"，将在下面进一步予以分析论述。

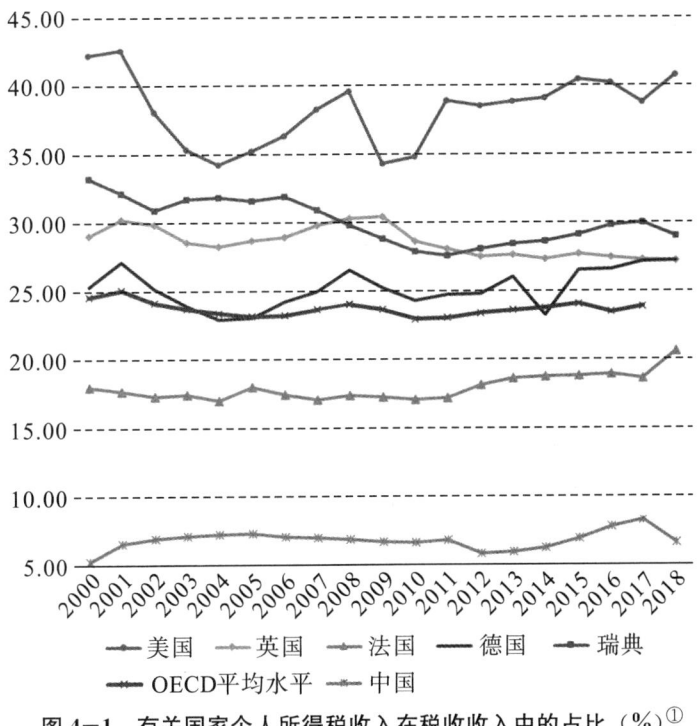

图4-1 有关国家个人所得税收入在税收收入中的占比（%）[①]

（二）个人所得税与经济增长背离

运用收入法核算国内生产总值时，国内生产总值＝劳动者报酬＋固定资产折旧＋生产税净额＋营业盈余。其中，劳动者报酬（广义）在我国一直扮演着个人所得税税基的角色。因此，在税率相近的情况下，个人所得税税收在GDP中所占的比重在一定程度上体现了总收入向居民或者说家庭部门分配的

[①] 根据《国际统计年鉴》（https://data.cnki.net/yearBook/single?id=N2006020171）和OECD官网（https://stats.oecd.org/Index.aspx?datasetcode=SNA_TABLE10）相关数据汇总而得。

情况。根据统计数据，长期以来我国个人所得税收入在GDP中所占的比重非常低，2018年仅为1.51%，而2013—2017年OECD国家平均水平均超过8%。个人所得税收入在GDP中占比低的主要原因是我国个人所得税税基窄。一方面，个人所得税的税基是居民收入，这一比重低也反映了在我国经济迅速发展的财富增长分配中广大普通居民相对较少，更多地留存在企业和政府部门；另一方面，部分有条件的地区和居民快速富起来，加剧了地区和居民间的收入不平衡。

上述分析表明，40多年以来我国经济快速增长促进税收快速增长，同时个人所得税收入的占比增长缓慢。当社会经济发生了深刻变化后，财税体制必须与其相适应才能更好地助推其发展，为此，税制结构要做根本性调整，这个根本性调整概括起来就是党的十八届三中全会提出的"提高直接税比重"。我们认为要提高直接税比重，必须深化个人所得税改革，个人所得税深改是税制结构根本性调整的关键改革，是财税体制改革必须啃下的硬骨头。

我们提出"逆向缩基"和"正向扩基"两个全新的概念来表达对个人所得税改革史的认识和未来突破的路径选择。其中"逆向"是指逆个人所得税改革的战略方向，"缩基"是指缩小了税基，已有的个人所得税改革可以用"逆向缩基"来概括；"逆向缩基"中有相对正向作用，但是其作用有限；个人所得税持续"缩基"导致持续减税效应，个人所得税收入占比增长缓慢，不利于国家整体调节收入差距。与"逆向缩基"相对应，"正向扩基"即税基扩展是个人所得税深改的核心，是"提高直接税比重"的关键改革。2018年综合与分类相结合的改革推动个人所得税迈向"正向扩基"之路。

二、我国个人所得税改革"逆向缩基"的回顾

（一）"逆向缩基"是一个历史过程

自1980年9月10日第五届全国人民代表大会第三次会议通过《中华人民共和国个人所得税法》以来，我国根据不同时期发展水平和治理需要，先后对个人所得税制度进行了八次修改（如表4-2所示）。总体来看，为了减轻中低收入者的税负，前七次多是不断提高个人所得税的费用扣除标准，不断提高中低收入者的免征额，并在税率等要素上进行减税调整。这有利于推动我国实现社会公平，缩小贫富差距，但同时也不断缩小了个人所得税的总体税基。

表 4-2　个人所得税重大修改回顾①

时间	个人所得税修改内容
1980-9-10	第五届人大第三次会议通过并公布了《中华人民共和国个人所得税法》，我国个人所得税制度自此方始建立。
1986	针对我国国内个人收入发生很大变化的情况，1986年1月7日国务院发布并实施了《中华人民共和国城乡个体工商户所得税暂行条例》，改变以往对个体工商户征收工商所得税的做法；1986年9月25日国务院发布了《中华人民共和国个人收入调节税暂行条例》，规定对本国公民的个人收入改为统一征收个人收入调节税。
1993-10-31	第八届人大第四次会议通过了《关于修改〈中华人民共和国个人所得税法〉的决定》的修正案，在新的个人所得税法中，一方面保留了每月800元的费用扣除标准，另一方面对各项所得所适用的税率也进行了相关规定。其中，工资、薪金所得适用5%至45%的九级超额累进税率，个体工商户的生产、经营所得以及对企业、事业单位的承包经营、承租经营所得，适用5%至35%的五级超额累进税率，其余八类所得均适用20%的比例税率。此外，对于在中国境内工作的外籍专家、科技人员以及外商投资企业中的外籍人员，该次个人所得税修改也对他们的个人收入增加了附加减除费用的规定，并授权国务院适时进行调整。
1999-8-30	第九届全国人大常委会第十一次会议作出了《关于修改〈中华人民共和国个人所得税法〉的决定》，这次修改决定对储蓄存款利息所得恢复征收个人所得税，并授权国务院制定征税的具体办法和开征时间。1999年9月30日，国务院颁布了《对储蓄存款利息所得征收个人所得税的实施方法》，决定自当年11月1日起，将储蓄存款利息所得的个人所得税税率设置为20%。
2005-10-27	第十届全国人大常委会第十八次会议再次审议《个人所得税法修正案草案》，会议表决通过全国人大常委会《关于修改〈中华人民共和国个人所得税法〉的决定》，费用扣除标准1600元于2006年1月1日起施行。
2007-6-29	第十届全国人大常委会第二十八次会议作出了《关于修改〈中华人民共和国个人所得税法〉的决定》，主要对储蓄存款利息所得税部分进行了调整，批准授权国务院可以对储蓄存款利息所得停征或者减征个人所得税，并且自2007年8月15日起，将适用税率由20%更改为5%。

---

① 根据1980年《中华人民共和国个人所得税法》、1986年《中华人民共和国城乡个体工商户所得税暂行条例》和《中华人民共和国个人收入调节税暂行条例》，以及1993—2018年《关于修改〈中华人民共和国个人所得税法〉的决定》的七次修正案整理而得。

续表

时间	个人所得税修改内容
2007-12-29	第十届全国人大常委会第三十一次会议表决通过了《关于修改〈中华人民共和国个人所得税法〉的决定》。个人所得税费用扣除标准自2008年3月1日起由1600元提高到2000元。同时为了鼓励外籍人员来中国务工,增加外籍人员的附加扣除每月800元。另外在2008年10月9日,国务院又发布了《关于储蓄存款利息所得有关个人所得税政策的通知》,决定对储蓄存款在本通知发出之日及之后孳生的利息所得,暂免征收个人所得税。
2011-6-30	第十一届全国人大常委会第二十一次会议表决通过了《关于修改〈中华人民共和国个人所得税法〉的决定》。根据决定,自2011年9月1日起,将工资、薪金所得的费用扣除标准提高至每月3500元,外籍个人的附加扣除提高至每月1300元;同时将工薪所得的税率结构由九级减少为七级,取消15%和40%两档税率,最低税率由5%降为3%,扩大3%和10%两个低档税率和45%最高档税率的适用范围;扩大经营所得的税率级距,并且对扣缴义务人、纳税申报人申报缴纳税款的时限作出了相应的调整。
2018-8-31	第十三届全国人大常委会第五次会议表决通过了《关于修改〈中华人民共和国个人所得税法〉的决定》,决定自2019年1月1日起施行,但"费用扣除标准"提高至每月5000元等部分减税政策,从2018年10月1日起先行实施;增加专项附加扣除,采用分类和综合相结合的个人所得税制度,调整税率体系,并完善个人所得税征管配套体系。

(二)"逆向缩基"的消极效应

1. 税基缩小,弱化居民纳税意识和税收遵从

随着费用扣除标准的不断提高,个人所得税的纳税人数也相应下降。2011年个人所得税费用扣除标准由每月2000元调至每月3500元后,个人所得税纳税人数由约8400万人减至约2400万人[①]。新个人所得税法改革前个人所得税的纳税人在城镇就业人员中所占的比重约为44%,根据人力资源和社会保障部发布的数据,2017年末,我国城镇就业人员为4.2426亿人,因而推断出2017年个人所得税纳税人的人数约为1.87亿人。新个人所得税法改革将费用扣除标准从每月3500元提高到每月5000元,仅以这一项因素来测算,个人所得税的纳税人占城镇就业人员的比例将由44%降至15%[②]。按照上述数据计

[①] 高桂华:《我国个人所得税改革的几点思考》,《财政监督》,2012年第3期,第62~63页。

[②] 张璁:《全国人大常委会办公厅举行新闻发布会:个税纳税人占比将从44%降至15%》,《人民日报》,2018年9月1日第4版。

算，新个人所得税法提高费用扣除标准后，个人所得税纳税人数约降至6369.3万人。同时，国家税务总局数据显示，新个人所得税法改革实施首月，全国个人所得税减税316亿元，有6000多万税改前的纳税人不再缴纳工资、薪金所得个人所得税。多次提高费用扣除标准，不断降低了纳税人数，大幅缩小了个人所得税的税基，导致个人所得税作用不断弱化，对我国税制的整体运行产生了不利的影响。尤其要说明的是，个人所得税作为直接税，与间接税税负容易转嫁不同，纳税人在缴纳税款的过程中可以直接感受到税负轻重，相较而言"税感"更明显，更有助于纳税意识觉醒，提升纳税人对公共活动的参与度，增强对政府的财政支出监督意识，推动国家治理能力和治理体系现代化。但是，个人所得税的弱化导致这一功能没有被很好地发挥，弱化了纳税意识和税收遵从。

2. 个人所得税收入占比小，难以发挥自动稳定器功能

从国家宏观经济层面来看，具有累进性质的税收能够作为自动稳定器有助于"熨平"经济的波动。具体而言，当经济增速较快时，税收的增长幅度大于经济的增长幅度，因而经济增长的一部分以税收的形式从居民或者企业手中转移到政府，从而抑制社会总需求，预防经济过热。反之，当经济有所下滑时，税收的下降速度更快，有利于释放社会总需求，预防经济萧条。因而累进性的税制可以在一定程度上缓和经济波动，避免经济大起大落。在我国，具有累进性质的税收主要是个人所得税，其他税收大多采用比例税率。而正如前文所言，个人所得税占比在总税收收入中不到10%，占GDP的1.5%左右，这样的规模难以发挥自动稳定器的大作用。

3. 加剧税收整体的累退性，导致税制亚健康运行

多次提高个人所得税费用扣除标准的主要目的是降低中低收入者的税负，促进社会公平。这一系列改革和调整的确可以降低税负，在一定程度上提高居民的实际收入和消费水平。但是费用扣除标准只是个人所得税中一个局部因素，居民税负程度应该从更多因素进行考量。在税收收入或者宏观税负稳定的情况下，个人所得税收入所占的比重低就意味着流转税所占的比重高。而流转税大多采用的是比例税率，具有自然的累退性。在税收中占主要地位的流转税税负的累退性造成了整体税收制度调节收入差距、实现社会公平的功能弱化，税制处于亚健康运行状况。

三、个人所得税改革向"正向扩基"迈进

前面的有关章节已论述和强调,个人所得税改革从1996年"九五"计划提出建立综合与分类相结合的个人所得税制度,到2013年党的十八届三中全会提出"提高直接税比重"目标,这一部分将从"正向扩基"方面进一步分析个人所得税改革。

(一)"正向扩基"的战略必然

1. 现代税制以个人所得税作为主体税种的内在要求

个人所得税是现代税制的主体税种。主体税种一般应具备下列特征:在全部税收收入中占有较大比重,在体现国家政策和履行税收职能方面起主要作用,相关法规及征税方式的变化会对整个社会经济产生较大影响。但是,从图4-2中可以看出,自1999年至2017年,我国的个人所得税收入占全部税收收入的比重长期较低。1999年仅为3.87%,一直到2017年才达到8.29%的历史相对高位,但仍不到10%;而同一时期,增值税占全部税收收入的比重很高,即便在最低的2015年,也达到了25%。个人所得税占比低就难以发挥其主体税种的作用,要完成个人所得税作为主体税种的历史转换,个人所得税改革必须由"逆向缩基"向"正向扩基"转变。

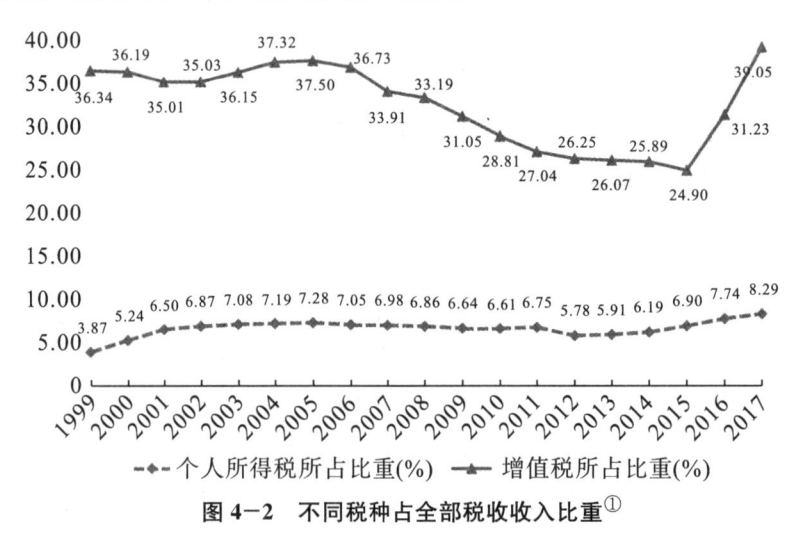

图4-2 不同税种占全部税收收入比重[①]

---

① 根据1999—2017年《中国统计年鉴》(http://www.stats.gov.cn/tjsj/ndsj/)相关数据汇总而得。

2. 大力提升个人所得税功能的现实要求

个人所得税财政收入功能、收入分配调节功能和经济稳定功能的实现，取决于一定条件。如组织财政收入功能要具备一定前提：一是在当期收入分配格局中个人所得所占的比重较大；二是当期个人所得税收入规模较大，财政收入对个人所得税具有较大依赖性。满足上述两个前提条件时，强调个人所得税财政收入功能才有实际意义。再如调节收入分配功能的作用有多大，要看纳税人收入是否全部被列入纳税范围，纳税人所纳税额占其收入比重是否足以影响其经济行为选择，等等。因此，为了让个人所得税可以很好地发挥其功能，也需要开启"正向扩基"之路。

(二)"正向扩基"的短、中、长期路径设计

1. 短期措施——稳定现有税基

短期来看，个人所得税的"稳基"可以从三个方面着手：首先是征税模式的调整与变革。在综合与分类相结合的课税模式的基础稳定后，应当进一步拓展综合与分类相结合的所得课税模式的发展空间，以实现课税模式彻底转型，更好地促进其横向公平和纵向公平。其次，要保持综合所得项目纳税人数稳定，避免大幅提高费用扣除标准而导致纳税人数骤减的情况。在使用费用扣除标准将低收入群体排除在征税范围之外后，对于中等收入群体的个人所得税税负更多地使用税率和附加扣除进行调节，真正实现"宽税基、低税率"。最后是加强税收征管。财产租赁所得、偶然所得以及财产转让所得等收入很容易隐匿，这部分个人所得税税基流失严重。因而，对这部分收入采取更为严格的监管在促进公平上意义重大，是个人所得税"正向扩基"起步阶段所必须解决的问题。

2. 中期策略——拓展税基范围

逐步扩大税基的实质是循序渐进地扩大个人所得税征收覆盖面。在新个人所得税法改革中，仍然使用列举法定义应税收入。然而，传统的列举法可能难以涵盖当今时代所有收入类型，尤其是与互联网相关的居民收入。不同渠道和模式取得的收入对应不同的税目，有些收入无法完全明确地区别，这就造成征收个人所得税时存在对应税目不完全清晰的问题。此外，新的时代会催生以前不存在的收入类型。如果新生的收入类型在法律层次上并不归属于列举法所列举的收入类型，那么这一部分个人所得税收入就很有可能流失。为堵塞税收漏洞，避免在执行过程中解释的歧义，需要个人所得税法与时俱进，对一些目前

不在征税范围的所得作出明确规定，将其纳入应税所得征税。

3. 长期规划——提升直接税比重

个人所得税只是税收制度中的一个税种，个人所得税"正向扩基"不仅在于自身改革，也需要宏观的税收制度甚至经济制度支撑。在宏观税负稳定的条件下，要提升个人所得税的财政地位就要对税制以及财政收入来源进行结构性的调整，实现税种间的增减有度、相互协调。正如前文所述，增值税、消费税等流转税可转嫁性强，具有累退性，非常不利于发挥税收促进收入分配公平的功能，因此长期来说，我国的税制优化必须大幅降低流转税收入占比，为大幅提高直接税比重创造基础条件。

第二节　新个人所得税法改革的经济效应

个人所得税的征收将直接减少纳税人的税后可支配收入，而可支配收入一方面会影响人们的储蓄、消费和投资决策，另一方面会改变人们在劳动供给与闲暇之间的选择。那么，2018年的个人所得税改革在收入再分配效应、消费效应和劳动供给效应方面有什么新的变化呢？这是本节要讨论的。

一、收入再分配效应

由于存在市场失灵，社会收入的初次分配并不平等。经济学家普遍认为财富分配的不平等容易激化社会矛盾，阻碍经济的健康发展，因此在社会要素完成初次分配之后，国家还应当采取措施解决收入分配的不均衡问题。而个人所得税作为一种直接税，常常被视作调节收入差距的重要手段。

我国个人所得税采取的是累进税率的形式，即随着收入的增加，其适用的税率按级距相应地提高。新一轮个人所得税改革最重要的变化是由分类税制向综合与分类税制转变，并且将费用扣除标准从3500元/月提高到5000元/月，增加了专项附加扣除，调整累进税率级距，使低档税率的适用范围扩大。这一系列政策的目的是既要减轻中低收入阶层的税收负担，又要进行综合计征。这些改革是否有效缩小了不同收入群体间的贫富差距，实现了正向的收入再分配效应，还需要更多时间检验才能得出可靠结论。就新个人所得税的收入再分配效应，学术界目前主要存在以下观点：

王钰等（2019）选取中国家庭收入调查（CHIP）2013年的居民收入作为样本数据，分情况测算了MT指数①，得出结论：我国本轮个人所得税改革对缩小收入分配差距起到了一定的作用；但与改革之前相比，此次的税率级距调整、费用扣除标准变动以及专项附加扣除的增加都分别导致了MT指数的下降，这也就意味着本轮个人所得税改革弱化了个人所得税的收入再分配效应。但这种弱化是从整体层面得出的结论。张德勇（2019）在将人们按不同收入水平进行分组的实证研究中得出，新个人所得税对高收入群体内部的收入分配差距还是起到了正向的调节作用。刘蓉（2019）认为，实行专项附加扣除后的收入分布更加接近帕累托最优标准线，社会整体福利得到提升。费茂清等（2020）基于机会公平和结果公平两大维度，采用中国家庭追踪调查（CHFS）2017的数据进行微观模拟，结果表明，新一轮个人所得税改革弱化了个人所得税的再分配效应，这是由于免征额的提高在增进个人所得税累进性的同时减弱了个人所得税的平均税率。但是，从机会公平的角度来看，免征额的提高和专项附加扣除的引入强化了个人所得税对机会公平的维护。王静等（2021）从家庭负担的视角研究发现，新个人所得税对劳动所得具有正向收入再分配效应，且这一正向收入再分配效应是对劳动所得实行综合课征引起的。

二、消费效应

税收尤其是个人所得税对消费存在"收入效应"。税收的"收入效应"是指政府的征税行为会减少居民的可支配收入，居民的可支配收入减少，将导致购买力下降，消费需求被迫降低，社会总体消费水平降低。有收入才有消费，收入是影响居民消费需求的最重要的因素。对于这里所说的收入，经济学家有着不同的看法。

（一）凯恩斯绝对收入假说

凯恩斯在《就业、利息和货币通论》中提出了著名的绝对收入假说。他认为总消费是当期可支配收入的函数，随着当期可支配收入的增加，人们的消费也会增加，但是消费的增加不及收入的增加多，也就是说，人们的边际消费倾向是递减的。表4-3列示了我国2015—2019年居民人均可支配收入与人均消

---

① Musgrave和Thin以税前和税后Gini系数之间的差额来衡量个人所得税的收入分配效应，并将其命名为"MT指数"。

费的情况，从表中可以看出，我国居民消费倾向基本符合该假说。

表 4-3 我国 2015—2019 年居民收入与消费情况[①]

年份	居民人均可支配收入（元）	居民人均可支配收入增长百分比（%）[②]	居民人均消费支出（元）	居民人均消费支出增长百分比（%）	居民平均消费倾向（%）
2015	21966	8.9/7.4	15712	8.4/6.9	71.5
2016	23821	8.4/6.3	17111	8.9/6.8	71.8
2017	25974	9.0/7.3	18322	7.1/5.4	70.5
2018	28228	8.7/6.5	19853	8.4/6.2	70.3
2019	30733	8.9/5.8	21559	8.6/5.5	70.1

我国在本轮个人所得税改革中提高了费用扣除标准，增加了专项附加扣除，使得年收入 60000 元以下的纳税人可以免缴个人所得税；年收入 60000 元以上的纳税人抵扣数额增加，应纳税额减少。因此，绝大多数纳税人在现行个人所得税体系下缴纳的个人所得税是下降的，这也就意味着税后的可支配收入大多是增加的。按照该理论，居民的消费也会随之增加。同时，一般来说，个人边际消费倾向与收入成负相关，低收入者具有更高的边际消费倾向，低税负也会激发该群体更多的消费潜力，从而大大提高社会整体边际消费倾向，产生正的消费效应。

（二）莫迪利安尼生命周期假说

该假说认为消费者的消费选择并不取决于当期的收入水平，而是依赖于其一生获得的总收入，个人会整体考虑当前和未来的情况从而规划当期的消费和储蓄，以达到一生最优的消费配置。因此一国在短期内实施的暂时性减税措施对消费者产生的消费效应很小，因为减税导致的收入增加不太可能当期全部消费掉，而长期的减税政策产生的消费效应会更加显著。

纵观我国个人所得税改革史，2005 年将费用扣除标准从 800 元/月提高至 1600 元/月，2007 年将费用扣除标准从 1600 元/月提高至 2000 元/月，2011 年将费用扣除标准从 2000 元/月提高至 3500 元/月，同时降低税率、扩大低税率级距，本轮个人所得税改革也是如此。这种长期的减税政策会优化居民的收

---

① 根据国家统计局（https://data.stats.gov.cn/easyquery.htm?cn=C01）相关数据整理计算得出。

② 未扣除价格因素/扣除价格因素。

入与支出,促进消费的增加。

因此无论是按当期的绝对收入还是长期的相对收入来看,新个人所得税法改革都有助于改善国民的可支配收入状况,对居民消费起到正向的调节作用。2019年全年个人所得税新增减税带来超过3000亿元的新增消费,拉动社会消费品零售总额增长约1个百分点[①]。

三、劳动供给效应

个人所得税征收会影响人们的劳动选择,其产生的劳动供给效应可以分解为收入效应和替代效应。收入效应是指征税会改变劳动者的税后可支配收入,从而影响其对闲暇和其他商品的消费选择。而替代效应则是指征税会改变闲暇与劳动的相对价格,使得劳动者改变在劳动与闲暇之间的时间分配。

首先,征收个人所得税会增加大多数人的税收负担,减少可支配收入,劳动者需要参与更多的工作才能维持以前的收入水平,因此收入效应会导致他们减少闲暇,增加劳动供给。其次,征收个人所得税相当于降低了劳动者的实际工资率,此时放弃劳动选择闲暇的成本变低,于是理性的消费者在同等情况下会选择增加闲暇,减少劳动供给。由于这两种效应对劳动供给的作用方向相反,所以我们很难简单地说清个人所得税改革对劳动供给是起到促进作用还是抑制作用。

沈向民(2016)从性别、年龄、文化程度、婚姻状况、收入状况等多个角度分析了个人所得税税率和费用扣除标准的劳动供给弹性。他认为女性、年轻人、高学历者、离婚者、高收入者等的劳动供给弹性通常要大于男性、中年人、低学历者、已婚者、低收入者等,个人所得税改革会导致不同劳动供给弹性的劳动者作出不同的劳动抉择。李文(2018)则指出了劳动供给效应的另一个影响因素——个体税收认知。她通过实证分析证明了纳税人对自己实际纳税额的了解程度也会影响他们的劳动抉择,一般来说,个体税收认知增强,个人所得税税负下降后的劳动供给时间也会有所增加,即两者之间存在着显著的正相关关系。除了利用局部均衡分析讨论各种因素对劳动供给产生的影响外,部分学者也通过一般均衡分析验证了我国个人所得税改革整体的劳动供给效应。比如姜艳凤等(2019)就通过评估我国各个省(自治区、直辖市)的劳动平均

---

① 《国家税务总局:2020年进一步提升税收治理效能》,http://www.chinatax.gov.cn/chinatax/n810219/n810780/c5142467/content.html。

有效税率和人力资本水平，利用模型测算了两者间的关系，指出我国个人所得税征收引起的替代效应要远远小于收入效应，个人所得税的改变会导致劳动供给发生同向变化。也就是说，当劳动有效税率上升时，居民会选择增加劳动供给，并且这种劳动供给效应在东部地区更为明显，中西部地区则相对较弱。由此可见，新个人所得税法改革对劳动供给的影响会同时受到多种因素的共同影响，在不同地区、不同群体之间产生的劳动供给效应也不尽相同。

四、小结

为了适应经济社会的发展变化，对个人所得税进行调整、改革，可以更好地发挥上述经济效应，影响人们的经济行为，随着 2018 年新个人所得税法改革的持续推进，其效应会越加显著。正确评估个人所得税改革带来的经济效应，权衡政策实施的利弊得失，可以为进一步改革和完善个人所得税制度提供重要的决策依据。

第五章　个人所得税改革与国家治理现代化

税收在国家治理中具有基础性、支柱性、保障性作用，作为重要税种，个人所得税对国家治理的重要意义不言而喻。此次改革建立起综合与分类相结合的个人所得税制，在实行部分收入综合计征的基础上，通过提高费用扣除标准、增加专项附加扣除、优化调整税率结构、扩大低档税率的级距等方式，使个人所得税税负水平更趋合理，优化国民收入分配格局，有力调节收入分配，有利于实现社会公平正义。因此，本轮个人所得税改革，不仅仅是对纳税人负担的调整，更是力图发挥税收的经济治理、政治治理、社会治理等功能的有力尝试，是税收促进国家治理现代化的具体体现。

第一节　个人所得税改革推进国家治理现代化的内在逻辑

党的十八届三中全会对财政与国家治理关系作出了新判断、新论述、新定位，将财税体制改革同国家治理现代化有机联系在一起。高培勇认为，伴随着由经济体制改革走向全面深化改革的历史进程，不断地对财税体制及其运行机制适应性变革，即以"公共财政体制"匹配"社会主义市场经济体制"，以"现代财政制度"匹配"现代国家治理体系和治理能力"[①]。那么，如何科学认识和把握新个人所得税法改革与国家治理现代化的内在逻辑呢？

---

① 高培勇：《中国财税改革40年：基本轨迹、基本经验和基本规律》，《社会科学文摘》，2018年第11期，第41~42页。

一、国家治理现代化赋予财税内涵历史性变化

党的十八届三中全会对于财政的内涵作出了全新的表述："财政是国家治理的基础和重要支柱。"从"政府的收支活动"或"以国家为主体的分配活动"到"国家治理的基础和重要支柱",财政内涵如此重大的变化是前所未有的。党中央站在新时代历史高度,突破以往视野的局限性,将财政与国家治理有机联系并对其相互关系作出新界定,将以往主要在经济领域发挥作用的财政上升到国家治理的高度,表明财政不仅仅在经济领域发挥作用,还应该在政治、文化、社会等多个领域发挥作用,成为国家治理的基础和重要支柱。

党的十八届三中全会之前,财税主要处理两种分配关系,即政府间的分配关系以及政府、企业和个人之间的分配关系。这种情况下,财税体制的功能可归类为财政收入保障、优化资源配置、调节收入分配和促进经济稳定。而党的十八届三中全会提出,为了与国家治理现代化相适应,科学的财税体制是优化资源配置、维护市场统一、促进社会公平、实现国家长治久安的制度保障。这一全新的定位不是财税体制功能的简单添加或整合,而是站在国家治理现代化的高度上对财税体制提出的新要求,是对财税体制与国家治理现代化关系的一次重大突破。国家治理是国家、集体和个人三位一体的治理过程,而财政税收可以有效地将国家、集体、个人联结在一起,通过财税体制改革将国家治理有机融入全社会,发挥国家治理现代化的基础和重要支柱作用。

二、个人所得税改革助推财税体制改革

长期以来,我国税制结构存在间接税比重高而直接税比重低的问题,国家治理现代化必须平衡效率与公平,实现共同富裕,提高直接税比例能够优化税制结构,促进社会公平。党的十八届三中全会回应历史要求,创造性地提出财政是国家治理的基础和重要支柱,要求进一步完善税收制度,提出"逐步提高直接税比例"的重大改革目标。

研究显示,我国有关衣食住行的多个行业税负水平超过全社会平均税负水平,这意味着包含在生活必需品中的间接税,相对而言给低收入人群带来了更大负担。因为间接税是一种累退税。间接税比例过高,会严重弱化税收再分配的公平效能。因此,财税体制改革必须提高直接税的比例。

提高企业所得税和个人所得税比重、开征房产税和遗产税可以实现提高直

接税比重的目标。但是企业所得税在直接税中占比已很高，而房产税和遗产税的全面开征短期难以实现。因此，个人所得税法必须承担起提高直接税比例的历史性任务。个人所得税法改革必然是财税体制改革的重要一步。

三、小结

新个人所得税法对国家治理现代化具有独特作用。党的十八届三中全会从国家治理现代化的高度对财税体制功能进行新定位。要加速实现国家治理现代化，必须深化财税体制改革，加快实现"提高直接税比重"的税制结构，减轻中低收入群体的税收负担。可以说，提高直接税比重对于改革完善我国的税制结构至关重要，而个人所得税是提高直接税比重最现实、最可行的选择。

第二节 个人所得税改革推进国家治理现代化的改革路径

党的十八大以来，在习近平新时代中国特色社会主义思想指引下，我国不断推进国家治理体系完善，治理能力逐步提升。2018年个人所得税改革不仅是对原有税收制度的修订完善，更是推进国家治理现代化的重要举措，开启了国家治理现代化的个人所得税税制新起点。

一、个人所得税制必须与时俱进

（一）税制模式科学化

如本书开篇所述，我国个人所得税制度建立于改革开放初期，其重要特点是分类课征，即对同一纳税人在一定时期内获得的各种所得，根据其来源的不同将它们归入不同的类别，并对每一类所得按照相应的税率来计算所得税。分类税制的优点是课税简便，能够进行源泉控制，缺陷是难以体现量能负担原则，难以缩小社会贫富差距。尤其是在我国经济快速发展的过程中，居民收入快速提高，收入结构发生明显改变，收入来源更加多样化，用不区分纳税人实际社会经济状况的征收标准对全体纳税人的各种来源的所得课税不仅有失公允，也存在偷税、漏税的空间。

在前面有关章节，通过分析我国个人所得税收入结构可以看到，工资、薪金所得，个体工商户生产经营所得等项目占比最大，而财产转让所得的税收收入占个人所得税总收入的比重仍然偏小，意味着个人所得税在很大程度上依赖于对劳动所得项目的课税。鉴于此，新个人所得税法改革首次采取了综合与分类相结合的模式，将4项劳动性所得纳入了综合征税范围，实行相同税率与统一核算，充分体现了量能负担原则。此外，新个人所得税法将子女教育、继续教育、大病医疗、住房贷款利息或者住房租金、赡养老人等支出列入了专项附加扣除，允许符合条件的纳税人申报抵扣，考虑了以家庭为单位的税收负担，弥补了家庭负担不同但纳税义务相同的税制缺陷，改善家庭整体的福利水平。综合与分类相结合的税制模式使得纳税人整体的收入分配以及社会资源配置更加公平合理、切合实际。

（二）税率设计扁平化

新个人所得税法对于综合所得税率的设置，以原来工资、薪金所得税率（3%至45%的七级超额累进税率）为基础，将按月计算应纳税所得额调整为按年计算，优化了部分税率的级距。改革后的税率设计相比之前更加扁平化，适用低税率档的收入级距也有所扩大。这一调整有助于减轻中低收入人群的税收负担，缩小全社会贫富差距，优化国民收入分配格局，激发消费潜力和工作积极性，充分体现了共享发展的理念，对于夯实国家治理的社会基础发挥了重要作用。

（三）税收征管现代化

税收征管是保障国家财政收入的重要手段，是政府履行其职能、实施公共政策和提供公共产品的坚实基础，因而是国家治理体系的重要组成部分，在很大程度上体现了一个国家的治理能力和水平。分类税制时，我国个人所得税缴纳大多是采纳代扣代缴的征管方式，单位代扣多少就交多少，个人基本不与税务机关直接接触，对纳税信息也不完全了解。而新个人所得税进一步采用代扣代缴与自行申报相结合的方式，个人可以通过国家税务局个人所得税APP查询明确纳税信息，对扣除项目进行核对与补充，完成纳税申报、申诉、清缴，不仅提高了个人所得税信息的透明度，也大幅度提升了纳税人参与度。这为税收征管提供了广泛的公众参与支持，有助于推动个人与家庭资产信息的系统化建设，提升税收征管的信息化和现代化水平。

二、居民纳税遵从不断提升

党的十八大以来，中国共产党围绕推进国家治理体系和治理能力现代化，出台了一系列重要文件，采取了一系列重大措施，取得了卓越成效，把党对国家的治理能力全面提高到新的水平。"治理"一词是一个有较强开放性与包容性的概念，强调党和政府、社会组织、公民等多元主体在公共事务中的合作与互动。在现代国家治理框架下，税制改革更加强调税收征纳双方的良性互动，更加强调纳税人对税收工作的知情权、参与度，对征纳双方提出了新的时代要求，尤其对广大纳税人的税收遵从提出新的要求。

税收遵从在一定程度上反映了税制设计的合理性以及税收政策的有效性，是稳定税收收入来源、提高征管效率、降低征纳成本的重要社会基础。国家的税收制度体系、政府部门运转效率、科学技术的进步以及社会文化氛围等因素都在一定程度上对纳税人的税收遵从产生潜移默化的影响，优化这些因素可以促成国家治理现代化与税收遵从之间的良性互动，潜移默化地提升全社会的税收遵从以及国家现代化治理能力和治理水平。

（一）个人所得税税收负担公平化

税收制度的科学性、合理性是影响纳税人税收遵从的重要因素。一般来说，如果税率过高，税率结构过于复杂，纳税人的税收负担过重，就会刺激部分纳税人设法偷逃税，降低税收遵从；如果税率结构过于复杂、税率设计不公平，那么纳税人受纳税成本过高、心理抵触等摩擦因素的影响，也有可能对税收征管工作不主动、不积极配合，从而降低税收遵从。新个人所得税法的改革充分吸纳了社会公众、专家学者的意见，增强了决策的民主性、科学性，体现了"以人民为中心"的现代税收治理理念。新个人所得税法提高了费用扣除标准，首次增加了专项附加扣除，有利于促进纳税人家庭负担公平化。除此以外，该次改革整体降低了广大中低收入纳税人的税收负担，有助于全面提升税收遵从。

（二）新技术的广泛运用

在互联网技术迅速发展的今天，社会的信息化程度越来越高，互联网的应用已渗透到经济、社会、文化、生活等各个层面，并产生了大量的数字化信息。现代的通信网络和大数据技术的融合与发展，改变了知识的获取、传承、

积累和创造方式，并推动着生活方式、工作方式、组织方式与社会形态的深刻变革。技术的创新与运用也影响着税收遵从，在新个人所得税法改革中发挥着积极的作用。税收部门在税收征管中可以通过对大量数据的提取、分析，提升对纳税对象的科学认知，强化对纳税人的监督，减少偷税漏税，降低税收风险。我国金税工程就是信息化技术在税务领域的具体应用，它是一个包含网络硬件、基础软件和整合涉税数据的信息技术与大数据平台，逐步覆盖所有税种以及税收工作的主要环节，并且与有关部门联网，实现全国征管数据大集中，全国征管动态监控，完善全国税收执法，对提高税收遵从起着巨大作用。新个人所得税法改革充分依托信息化技术，通过个人所得税 APP 进行征纳的全流程操作。在大数据时代，现代科技手段的合理利用大大降低了纳税成本，提高了涉税信息透明度，对提高纳税人的纳税意识和税收遵从起到了很好的推动作用。

（三）良好的社会氛围

纳税人所处的社会道德文化氛围深刻影响其税收遵从决策，并投射到国家治理现代化全过程。纳税人的道德水平、文化水平对其税收遵从具有重大影响。一般来说，纳税人道德水平越高，其税收遵从越高；纳税人文化水平越高，就越能认识到依法纳税的重要性，树立好依法纳税的观念。改革开放以来，随着经济实力不断增强，我国对教育的投入也不断增加，国民整体教育文化素质不断提高。科教兴国、依法治国广泛宣传，强化了依法纳税的社会道德文化氛围，提升了全社会纳税意识，增强了税收遵从。而新个人所得税法改革与促进社会信用建设、提高人民法治意识相辅相成，能够促进国家治理现代化。

三、小结

综上所述，新个人所得税法不仅通过优化收入分配和资源配置来提高社会福利，稳定经济发展，在经济治理方面发挥着重要作用，还有助于通过征纳双方的信息往来提高人们的社会参与度，提高人们的纳税意识和税收遵从，推进国家治理现代化。个人所得税改革的作用已不单单是筹集财政收入，还在经济治理、社会治理、文化治理等多个方面发挥着重要作用。新个人所得税法改革开启了个人所得税的新时代，开启了国家治理现代化的税制新篇章。

第三节　个人所得税改革推进国家治理现代化的具体表现

一、新个人所得税法改革促进国家治理公平化

国家治理现代化的一个重要的表现在于国家治理公平化，而国家治理公平化突出表现为人民共同富裕。优化收入分配格局，促进收入分配公平化是国家治理现代化的必然要求，而优化收入分配制度则要求个人所得税发挥重要的调节作用。新个人所得税法改革有助于全体人民共享经济发展的成果，促进收入分配公平化，促进国家治理公平化。

（一）综合与分类所得税制使纳税人税负更加公平

为了减小贫富差距，必须充分发挥个人所得税缩小收入分配差距的作用。综合与分类相结合的个人所得税，将以前的工资、薪金所得，劳务报酬所得，特许权使用费所得和稿酬所得统一为综合所得，采取统一的超额累进税率，与原来的分类税制相比，综合计征四种收入来源的个人所得税税额，使得纳税人实际税负能够更加公平地匹配其收入水平。

（二）税率及级距结构优化促进收分配公平

新个人所得税法规定：综合所得和经营所得适用超额累进税率；利息、股息、红利所得，财产租赁所得，财产转让所得和偶然所得，适用比例税率。累进税制是个人所得税调节收入分配差距、实现公平的主要途径，超额累进税率下，收入层级越高，实际税率越高。新个人所得税法改革对税率级距进行了调整，和过去的工薪所得税率表相对比，当前的综合所得税率表拉大了3%、10%、20%三档低税率级距，缩小了25%这档的级距，其余不变。从经营所得上看，它适用的超额累进税率也进行了调整，相比过去的税率表，从5%到35%的五档税率全部扩大了级距。此次税率级距的变化，对于中低收入者的减税效果十分明显，对于中高收入者，其增税效果将不断显现，促进收入分配的公平。

（三）专项附加扣除降低中低阶层税费负担

我国的分类个人所得税制度在费用扣除上实行"一刀切"，过于简单化，并没有考虑纳税人的个人具体情况，也没能体现纳税人家庭负担的差异性。新个人所得税法将子女教育、继续教育、赡养老人、住房贷款利息、住房租金及大病医疗等列入专项附加扣除项目。这不仅使得个人所得税征收更加贴合实际，减轻中低收入阶层的税费负担，提升收入分配的公平效应，也使得我国个人所得税制度逐渐与国际接轨。

二、新个人所得税法改革推动国家治理法治化

法治是国家治理体系和治理能力的重要依托。只有全面推进依法治国，才能有效保障国家治理体系的系统性、规范性、协调性，更好地引导社会预期、调节社会关系、凝聚社会共识。《中华人民共和国个人所得税法》是全国人民代表大会常务委员会批准的国家法律文件。2018年8月31日，关于修改个人所得税法的决定通过，标志着我国个人所得税法律的进一步完善，对于助力国家治理现代化、法治化具有重要意义。

（一）个人所得税法日趋完善

《中华人民共和国个人所得税法》于1980年实施，至2018年8月已经进行了七次修改。其中多次改革都提高了个人所得税的费用扣除标准，调整税率、级距等，表明个人所得税改革必须与生产力水平相适应，与整体税收环境相匹配。2018年第八次个人所得税改革与以往七次改革有着明显的不同，它不再是个人所得税制度的"内部装修"，而是一次全新的"结构再造"。此次改革首次实现综合与分类相结合的征税模式，并增加专项附加扣除，对税率结构进行了优化，使我国的个人所得税法律更加完善，税收法定、依法治税更加深入人心。

（二）纳税意识不断增强

马克思认为，如果非要在"直接税"与"间接税"之间做选择，他一定选

择"直接税"①。直接税促使每个人监督政府，而间接税则压制人们对治理的任何企求。个人所得税作为最重要的直接税种，相对于间接税的隐蔽，它显然很容易被民众关注。

新个人所得税法改革引入了专项附加扣除项目，要求居民个人自主申报，并且采用按月预扣预缴、按年汇算清缴的形式进行税款的缴纳，在年度终了，纳税人需要自己申报并进行汇算清缴，否则就可能无法享有退税收益和产生涉税风险。新个人所得税法改革实现了征管模式的转变，实行代扣代缴与自行申报相结合，可提升个体的纳税意识。新个人所得税法的改革及创新与国家治理现代化高度契合，有利于推进国家、集体、个人关系的现代化。

综上所述，新个人所得税法改革将促进纳税意识法治化，提高个人的税收遵从，提升个人对社会公共事务管理的参与度，使越来越多的人参与到公共治理和法治建设中来，有助于推动国家治理法治化。这是新个人所得税法改革的重大进步。

（三）治理主体进一步多元化

国家治理现代化强调治理主体由单一主体治理转向多元主体协调治理，发挥国家、集体、个人等多主体的协调力量。新个人所得税法要求由政府单向征管为主转变为政府、企事业单位、纳税人协调征纳。例如，个人所得税中专项附加扣除的实施，要求个人报送相关真实信息，政府与学校、医院等企事业单位在一定程度上共享信息，个人、企事业单位、政府协调治理，比之政府的单向管理，大大提升了个人所得税信息的及时性、准确性、完整性，同时也提高了纳税人的税收遵从。

新个人所得税法优化了政府领导、部门配合、社会参与的多主体税收协调机制，这是国家治理现代化多主体治理实现方式的具体实现，是国家治理现代化的生动体现。新个人所得税法的多主体协调治理，为各主体协调合作、共同参与国家治理奠定了个人所得税治理基础。新个人所得税法的实施和不断完善将从税收治理方面优化国家、集体、个人的关系，加速推进国家治理现代化。

---

① 中共中央马克思恩格斯列宁斯大林著作编译局：《马克思恩格斯全集》（第 16 卷），人民出版社，1964，第 221~222 页。原文可见："如果需要在两种征税制度间进行选择，我们则建议完全废除间接税而普遍代之以直接税。"

三、小结

新个人所得税法对国家治理现代化具有独特作用。党的十八届三中全会从国家治理现代化的高度，对财税体制功能和作用进行新定位。要加速实现国家治理现代化，必须深化财税体制改革。加快实现"提高直接税比重"的税制结构，减轻中低收入群体税收负担；可以说，提高直接税比重对于改革完善我国的税制结构至关重要，而个人所得税是目前提高直接税比重的最现实、最可行的选择。新个人所得税法自2019年实施以来，在促进国家治理公平化、加速国家治理法治化方面逐步发挥出重要作用，从税制方面完善了国家治理现代化的法律制度，优化了社会经济第二次分配，推进了国家治理现代化。

第六章　个人所得税改革的国际经验和我国展望

个人所得税起源于英国，自 1799 年起开征。在很多发达国家，个人所得税被称作"良税"，特别是在以直接税为主的发达国家里，如美国、英国、日本等，个人所得税在税收收入中占有较大比重，一方面承担着筹集政府财政收入的重任，为政府的正常运转提供经济支撑；另一方面发挥着调节社会财富分配的作用，防止财富出现严重的两极分化。从发达国家的个人所得税改革实践来看，实行综合税制已成主流。2018 年，我国综合与分类相结合的税制模式终落地，这一举措极大地促进了税收公平。而在"十四五"时期乃至未来更长时期，个人所得税改革仍将继续。"十四五"时期将进一步完善综合与分类相结合的个人所得税制度，适时推进个人所得税深化改革，合理扩大纳入综合征税的所得范围，完善专项附加扣除项目，完善吸引境外高端人才政策体系[1]。

第一节　个人所得税改革的国际经验

随着时代的进步和发展，发达国家基于"公平和效率"的目标，不断对个人所得税制进行改革。美国的个人所得税制度经过了长时期的发展，已经逐步形成一套成熟的税收制度。英国作为最早开征个人所得税的国家，经过长时间地调整和优化，个人所得税制度日益完善。日本作为全球贫富差距最小的发达国家之一，个人所得税制度在调节居民收入方面发挥了重要作用。分析目前国际上主要发达国家个人所得税的改革趋势，可以从中学习借鉴其有益之处、批判和预防其消极有害之处。我国个人所得税的改革必然置身于全球税制改革的环境之中，研究和借鉴国外的成功经验，并结合我国实际，构建更加高效、公

---

[1] 刘羡：《"十四五"个税要怎么征》，《中国青年报》，2020 年 12 月 8 日 第 4 版。

平、科学、合理的个人所得税制度。

一、美国个人所得税改革

长期以来，美国的个人所得税不断发展和完善，个人所得税在税制结构中的地位也日益增强，成了美国最大的税种。个人所得税在美国的收入再分配、维持社会公平等方面发挥了巨大的作用。美国个人所得税包括联邦税、州税、地方税及社会安全税（非居住外国人则无需缴纳）。个人所得联邦税率全美一致，而每个州都会有各自的个人所得税征收办法，有的州（如阿拉斯加州、佛罗里达州、内华达州、得克萨斯州和华盛顿州等）不征收州税，而有的州（如新罕布什尔州和田纳西州等）只对股息和利息收入征州税，本书所指的美国个人所得税为联邦税。美国1788宪法授予了联邦政府征收间接税的权利，却禁止向个人征收所得税。1862年，为了筹集南北战争所需要的财政收入，美国开征个人所得税。在仅仅实行了10年后，由于在非战时期征收个人所得税违宪而停征。直到1913年，美国恢复所得税征收，美国个人所得税制度才被正式确立下来。

（一）综合所得税模式

1986年，里根政府对税制结构进行重大改革，确立了综合个人所得税制度，这种课税模式一直沿用至今。根据美国税法规定，美国公民与居民以其源于美国境内和美国境外的所得收入，以及在美国以外的其他国家没有征税而美国规定需要征税的所得收入作为个人所得税的课税对象。而非居民仅以其在美国居住期间来源于美国境内的所得收入作为课税对象。无论是居民还是非居民的所得，都包括工资、薪金、利息、股票、股息、租金、特许使用费等，涵盖各项不被计入免税范围的收入，包括金钱、实物、财产、服务等。个人所得税的所得来源大致分为四种：①劳务所得，即劳务报酬和经营收入。劳务报酬主要包括佣金、酬金、附加、福利以及类似于工资薪金的其他收入，经营收入主要是纳税人通过自己拥有且经营的产业而获得的所得收入。②非劳务所得，如利息、股息、租金、资本利得、合伙企业净收入、农场收入等。③转移所得，如奖品、奖金、失业补偿、社会保险福利、离婚诉讼期间生活费、分居赡养费、退休金、养老金等。④推定所得，如低于市场利率的贷款、他人负担的费用、低价购买等。美国综合所得税制有相对较为宽广的税基，较低的征纳起点能够涵盖大部分美国家庭与个人，多收入者多纳税，而多样化的扣除和抵免项目更多地考虑到了家庭因素,事实上,大部分美国普通家庭纳税申报后都可以得到退税处理。但美国税制的公平性仍受到严峻挑战,巨大的贫富差距仍是美国社会之痛。

(二)纳税人全覆盖

1948年美国税收法案将单身纳税人与已婚纳税人申报身份进行区分,已婚联合申报者可以用应纳税所得额的一半来确定适用税率。1951年的税收法案进一步细化纳税人身份,分别是已婚联合申报(含丧偶者)、已婚分别申报、未婚单身个人申报、户主申报,纳税人选择其中一种身份纳税,纳税人身份一旦选择确定,除非出现法定事项,一般不得随意变更。每种身份根据各自的税率和应税收入申报纳税。在此次联邦个人所得税区别身份申报后,联邦个人所得税几乎覆盖了每一个美国家庭和个人,征收率达到90%以上。以特朗普政府2017年税改之后的税率为例,如表6-1所示,税率分为10%至37%七级税率。

表6-1　美国2018年个人所得税税率表①

税率(%)	应纳税所得额(美元)			
	未婚单身个人申报	已婚联合申报(含丧偶者)	已婚分别申报	户主申报
10	(0, 9525]	(0, 19050]	(0, 9525]	(0, 13600]
12	(9525, 38700]	(19050, 77400]	(9525, 38700]	(13600, 51800]
22	(38700, 82500]	(77400, 165000]	(38700, 82500]	(51800, 82500]
24	(82500, 157500]	(165000, 315000]	(82500, 157500]	(82500, 157500]
32	(157500, 200000]	(315000, 400000]	(157500, 200000]	(157500, 200000]
35	(200000, 500000]	(400000, 600000]	(200000, 300000]	(200000, 500000]
37	超过500000	超过600000	超过300000	超过500000

(三)扣除标准可选择性

美国个人所得税没有统一的免征额,纳税人根据不同的身份有不同的扣除标准。在申报个人所得税时,可以采取两种扣除方式:标准扣除或者列举扣

---

① 国家税务总局国际税务司国别(地区)投资税收指南课题组:《中国居民赴美国投资税收指南》,https://www.yidaiyilu.gov.cn/info/iList.jsp?cat_id=10009&info_id=161586&tm_id=126。

除。标准扣除额的多少取决于纳税人收入、年龄、是否失明和报税身份，该金额每年会发生变动。在特朗普政府进行税改之前，未婚单身个人申报的年度标准扣除额为 6500 美元，已婚联合申报（含丧偶者）的年度标准扣除额为 13000 美元。为减轻个人所得税负担，特朗普政府税收法案将未婚单身个人申报和已婚联合申报（含丧偶者）的标准扣除额分别提高至 12000 美元/年、24000 美元/年。此外，通货膨胀会推升个人名义收入，可能导致个人所得税的纳税档次随之上升。为避免物价上涨因素造成个人实际享受的标准扣除额缩水，法案规定个人所得税的扣除标准每年需根据居民消费指数调整。2020 年，已婚联合申报（含丧偶者）的标准扣除额为 24800 美元；而未婚单身个人及已婚联合申报（含丧偶者）分别报税的标准扣除额为 12400 美元；对于报税身份为一家之主的纳税人而言，标准扣除额为 18650 美元。需要注意的是，以下几种情况不适用标准扣除，必须适用列举扣除：①采用已婚分开报税的纳税人且其配偶选择采用列举扣除；②因为本年度会计期间发生了更改而申报了一份少于 12 个月报税表的个人；③在本纳税年度中，身份为非居民外国人或具有双重身份的外国人，非居民外国人在年底与一位美国公民或居民外国人成婚除外；④遗产或信托、共同信托基金或合伙企业。

专项扣除是指针对特殊事项的扣除，具有一定的政策倾斜性。内容细致的专项扣除项目有利于个人所得税公平实现，但如果条文过多，则会导致税法的复杂化，从而增加纳税人的遵从成本，因此专项扣除并非越多越好。美国原本的税法被指繁琐复杂，此后改革减少了部分的专项扣除，例如，特朗普政府税改法案取消了住宅抵押贷款利息抵扣；合并了原有的多种不同教育经费抵免项目，同时取消学费支出税前扣除；取消了原本规定的超过收入 2% 的杂项扣除等。同时原本未设上限的专项扣除导致部分纳税人滥用扣除以逃税，在税改中也进行了调整，将允许扣除的州和地方的财产税、所得税、销售税的扣除限额设定为 10000 美元。

（四）超额累进税率的调整

美国实行的是超额累进税率（差额累进制），与其他实行综合所得税制的国家做法一致。实行超额累进税率不仅能较好地体现税收公平，也更符合量能课税基本要求。美国个人所得税制历经多次改革，税率结构多次变化，整体来看，税率早期波动巨大，然后逐步稳定并下降。1913 年，美国恢复开征个人所得税，其最低边际税率和最高边际税率分别只有 1% 和 7%。1918 年，由于第一次世界大战期间增加国防开支需要，个人所得税的最低边际税率和最高边际税率分别跃升到6%和77%;之后,1930年,个人所得税的最低边际税率和最高边际税率又分别回落至1.1%和25%;第二次世界大战期间,美国个人所得税最低边际税率和最高边际税率又上升为23%和94%;到了20世纪80年代,最低边际税率和最高边际税率下降为15%和70%。之后个人所得税税率级次和最高边际税率经过数次下调,联邦个人所得税一直秉承"降低税率、简化税制、扩大税基、加强征管"的思路来改革。1995年,美国个人所得税的税率级次分为5档,分别为15%、28%、31%、36%、39%。2001年后,布什政府又进行了税率调整,税率档次大部份下调1个百分点,即15%、27%、30%、35%、38%。2006年,美国联邦政府再一次下调个人所得税税率,税率大部分降低3个百分点,即12%、24%、27%、32%、35%。2013年后,为避免出现"财政悬崖"现象的出现,增加了一档最高边际税率39.6%。2017年,美国个人所得税税率级次调整为7档(10%~39.6%)。2018年,特朗普政府实施美国31年以来的减幅最大的税改方案,即将个人所得税税率级次从7档减为4档(10%~37%)。

(五)税收征管数字化

美国从硬件、软件系统、人员培养、管理等多方面来推动税收征管数字化。在硬件上,美国从20世纪中叶开始配置计算机处理税务,目前已建立起从联邦覆盖到地方的网络及强大的硬件系统,为税收信息化提供了坚实的硬件系统;在软件系统上,耗资100亿美元打造"信息化建设十五年"规划,已建立起纳税人服务系统、大型数据库管理系统、大企业审计管理系统、税收统计信息系统等涵盖10个核心信息管理子系统的税收征管的综合信息管理平台;在人员培养上,美国加强信息技术人员招聘、培养及使用,税务信息技术人员占比已提升至7.75%;在管理上,美国在马丁斯伯格与底特律设立了总部计算机中心,同时在亚特兰大等城市中设立了十个大区服务中心,全面实现了面向纳税人服务的组织架构和业务流程数字化建设工作。

二、英国个人所得税改革

(一)综合分类所得税制

英国是世界上最早开征个人所得税的国家,1799年,英国开始试行差别税率征收个人所得税,并经历了由综合所得税制转变为分类所得税制,然后再

转变为综合分类所得税制的过程。1803年之前，英国采用的是综合所得税制。后因为应纳税所得分类表和源泉扣税制度逐渐普及，英国开始施行分类所得税制。为了进一步促进税收公平，1973年英国改革实施综合分类所得税制，适用累进税制。

英国将应税所得分为三大类：非储蓄型收入、储蓄型收入与股利红利收入。非储蓄型收入包括雇佣收入、经营收入、财产出租收入、养老金收入等。储蓄性收入指来源于投资的收入。股利红利收入指来源于英国公司与海外公司的分红[①]。

（二）税率整体呈下降趋势

英国税率税级调整的整体趋势是减轻税负。20世纪90年代以来，其税率变化主要体现在以下三个方面（具体见表6-2）：一是低税率的调整。英国曾实行25%的低税率，后被取消，在1993年被恢复，并将其定为20%，在2000年又降为10%，最终在2008年再次取消，税率又短暂变为简洁的二级模式。二是基准税率的变动。1993年基准税率为25%，先后经过了四次调整，分别在1997年降为24%、1998年降为23%、2001年降为22%、2009年降为20%，当前维持在20%。三是高税率的调整。由于一直未对40%的高税率做调整，为了促进税收公平，对高收入者多征税，2011年英国政府增加了50%的加成税率，意味着高收入者的边际税率达到五成，而后稍有降低，但是对过高收入起到了合理的调节作用。

表6-2 英国个人所得税税率变化表[②]

纳税年度	级别	应纳税所得额（英镑）	税率（%）
1990—1991	低税率	—	—
	基准税率	≤20700	25
	高税率	>20700	40

---

① 李凌、王婷：《综合与分类相结合的个人所得税制——基于英国的实践与启示》，《财会通讯》，2020年第6期，第154~157页。

② 根据英国驻华大使馆官网上历年所得税税率表（https://www.gov.uk/scottish-income-tax）整理而得。

续表

纳税年度	级别	应纳税所得额（英镑）	税率（%）
1992—1993	低税率	≤2000	20
	基准税率	2001～23700	25
	高税率	>23700	40
1996—1997	低税率	≤3900	20
	基准税率	3901～25500	24
	高税率	>25500	40
1997—1998	低税率	≤4100	20
	基准税率	4101～26100	23
	高税率	>20700	40
1999—2000	低税率	≤1500	10
	基准税率	1501～28000	23
	高税率	>28000	40
2000—2001	低税率	≤1520	10
	基准税率	1521～28400	22
	高税率	>28400	40
2008—2009	基准税率	≤34800	20
	高税率	>34800	40
	加成税率	—	—
2010—2011	基准税率	≤37400	20
	高税率	37400～150000	40
	加成税率	>150000	50
2017—2018	基准税率	≤33500	20
	高税率	33500～150000	40
	加成税率	>150000	45
2019—2020	基准税率	≤37500	20
	高税率	37500～150000	40
	加成税率	>150000	50

总体上，英国个人所得税改革延续了撒切尔执政时期降低税率、减少级次的改革趋势。与其他同样实行超额累进税率的国家相比，英国的税率结构十分简洁，累进级数少，同时根据经济和政府财政状况调整低税率或增加加成税率，保障了税收的稳定性，征税成本相对较低，更有利于对个人所得税进行监管。

（三）税前扣除不断细化

英国的费用扣除制度体现出较强的时效性和灵活性。其基本减除费用标准依据城镇居民人均基本消费支出水平、劳动力负担系数、居民消费物价指数（CPI）三大要素逐年测算并实时调整，根据国民经济和社会发展的实际情况统筹考虑，即采用"免征额标准指数化"制度，以抵消通货膨胀对个人税负的影响。

因为英国将收入分为三大类，所以将税前扣除额也分为三类：个人扣除额、个人储蓄收入扣除额、个人股利收入扣除额。根据2017年的税收法案，个人扣除额的基本标准为每年11500英镑。年收入超过100000英镑的，每超过2英镑，个人扣除额减少1英镑。年收入超过123000英镑的，税前扣除额为零。除了这一基本扣除标准之外，还有附加扣除项目。

英国的附加扣除额从纳税人的实际税收负担能力出发，综合考虑了劳动能力、家庭负担、婚姻状况等要素。在英国，已婚夫妇需要分别单独纳税，但是为了保证已婚夫妇的家庭开支，专门设置了独具特色的婚姻免税额和已婚夫妇免税额。婚姻免税额（MA）适用于双方都是基本税率纳税人的婚姻或伴侣关系，而已婚夫妇免税额（MCA）适用于一方出生于1935年4月6日之前的夫妻或注册伴侣。婚姻免税额（MA）和已婚夫妇免税额（MCA）也可以转化为税额抵免直接在应纳税额中扣除。对于婚姻免税额来说，其中一方可以将自己个人抵扣额的10%转让给另一方。2017税年的最高抵减额为230英镑。而已婚夫妇免税额由收入高的一方申请。2017税年的最高抵减额为845英镑。纳税人只能申请婚姻免税额与已婚夫妇免税额中的其中一种。

2016年之前，英国设置了专门针对老年人的免税额，免税额根据年龄不同会有所差异，65~74岁和75岁及以上的人群的免税额高于一般个人所得税免征额，2016年改革后免征额对所有年龄段的人群都一视同仁。

到2018税年，英国新设了盲人或视力障碍人士的抵扣额。此抵扣额会增加到每年的个人抵扣额中。符合此类抵扣额的纳税人和其伴侣，能以个人名义（非家庭名义）得到相应抵扣额。此外，如果纳税人无需缴纳个人所得税，或者其个人抵扣额没有全部抵扣应税收入，可以将他的盲人或视力障碍人士的抵扣额转移给配偶使用。具体抵扣额度 2017 税年为 2320 英镑，2018 税年调整为 2390 英镑。

储蓄性收入的税前扣除额根据纳税人所处的适用税率档级，即低税率、基准税率与高税率，分别享有 1000 英镑、500 英镑与 0 英镑三档税前扣除额。此外，对于没有非储蓄性收入纳税义务或非储蓄性应税收入不超过 5000 英镑的个人，处于 5000 英镑应税所得范围内的储蓄性收入不予征税。股利红利收入的税前扣除限额为 5000 英镑，该扣除限额适用于所有纳税人。

（四）税额抵免助推实现"负个人所得税"[①]

税额抵免在英国主要指政府提供给低收入工作的纳税人的税收补贴。税收补贴项目又称为"负个人所得税"，以税额补贴的形式直接救助低收入者，这其实是一种社会福利。无法支撑最低生活水平的低收入者不需要缴纳个人所得税，反而得到相应的税收补贴以维持生计。

依据纳税人的实际情况和税负能力，英国设置了工作税收补贴项目和儿童税收补贴项目。工作税收补贴的目的是支持那些没有社会福利金、积极工作但工资又很低的人。一个英国人是否可以取得工作税收补贴，以及工作税收补贴的多少取决于年龄、每周工作时间、是否有孩子和年收入等因素。

儿童税收补贴是针对有孩子的纳税人的税收优惠政策。儿童税收补贴对于年收入有一定要求，年收入不高于一定限额的纳税人才可以享受，但是根据纳税人以及配偶的不同情况年收入要求有所不同。儿童补贴分为两个部分：家庭补贴和儿童补贴。2016 年家庭补贴为每年 545 英镑；儿童补贴分为不同情况，一般一个孩子一年补贴 2780 英镑，残疾儿童一年另外补贴 3140 英镑，重度残疾儿童在前面的基础上每年新增补贴 1275 英镑。

（五）双向申报及信息化征收管理

英国综合分类征收模式主要表现为双向申报制度、信息化征收管理。在双向申报制度方面，英国一直将源泉扣缴作为个人所得税的主要征收方式，这种

[①] 负所得税是货币学派代表人物弗里德曼提出的用以代替现行的对低收入者补助制度的一种方案。这一思路实际上试图将现行的所得税的累进税率结构进一步扩展到最低的收入阶层去。具体而言，负所得税是指政府对于低收入者，按照其实际收入与维持一定社会生活水平需要的差额，运用税收形式，依率计算给予低收入者补助。供给学派认为，实行负所得税可以通过收入或享受上的差别来鼓励低收入者的工作积极性。

"挣钱即付税"的征税方法在一定程度上消除累进课税与长期通货膨胀之间的矛盾，同时也降低了征收成本，主要施行对象为工资和薪金、利息所得；其他所得主要由纳税人自行申报并缴纳，纳税年度伊始，税务稽查员将发放给纳税人不同类型的纸质个人所得税申报表，要求纳税人在规定时间内完成申报手续，在表中提供收入、支出、宽免三方面的内容。双向申报的征收方式在及时组织税收收入的同时，也增强了纳税人的纳税意识。

在信息化征收管理方面，英国十分重视大数据应用信息技术，于 2010 年建立了统一互联的税收征管信息系统。该系统囊括土地登记、选民信息、公司注册等 28 个信息数据库（还在不断增加细化），将政府平台、知名网络平台等都接入该系统，实现涉税信息智能化；开展税收征管国际化合作，开展离岸反避税，从数据支持、运营团队、政策保障三个方面实现离岸涉税信息共享；增强了涉税信息数字化，推进了税收征管的现代化。

三、日本个人所得税改革

日本税收以直接税为主，个人所得税是日本的第一大税种，其收入大约占到日本总税收的 1/3。作为全球贫富差距最小的发达国家之一，日本的个人所得税制度在调节收入分配、维护社会稳定方面发挥了重要作用。日本税制受历史进程影响，呈现出东西融合的特点，这一特点在个人所得税改革上尤其突出。

不同于大部分发达国家实行综合税制，日本实行的是综合分类所得税制，将个人应税收入划分为工薪所得、股息所得、经营所得、不动产所得、退休所得、杂项所得、转让所得、利息所得、偶然所得、山林所得等十项所得。其中对前六项所得进行综合课税，而对后四项一次性的所得实行分类课税。这种税制兼具了分类所得税制和综合所得税制的特点，便于源泉扣缴的同时兼具了税收公平原则，但相比综合税制而言更为复杂繁琐。日本的个人所得税发展也经历了漫长的探索与完善过程，其改革的中心主要集中在税率、所得扣除以及申报制度上。

（一）简化的超额累进税率

日本与大多数国家一样，实行超额累进税率，在历经多次改革以后，税率结构已经日益简化，最高边际税率也大幅降低。在 20 世纪 70 年代，日本实行 10%～75% 的 19 级超额累进税率。1984 年税制改革后，改为 10.5%～70% 的

15级超额累进税率。1999年日本税率结构大幅调整，级次减少为4档，最低税率为10%，而最高税率大大降低至37%。2007年改为5%~40%的6级超额累进税率。当前，日本实行7级超额累进税率制度，见表6-3。

表6-3 日本个人所得税税率表[①]

级数	应纳税额（万日元）	税率（%）
1	低于195	5
2	195~330	10
3	330~695	20
4	695~900	23
5	900~1800	33
6	1800~4000	40
7	4000以上	45

总体上看，20世纪80年代以来，日本个人所得税的边际最高税率和税率级次呈现出下降趋势。同时，相同的应纳税所得额适用的税率也在不断下降，例如300万日元的应纳税所得额，在1969年适用33%的税率，在1984年适用17%的税率，在1987年适用税率为16%，而在1989年以后适用税率为10%。由此可见，日本一直以来不断实行减税政策，个人所得税负担呈明显下降趋势。

（二）所得扣除项目不断完善

日本个人所得税法中的"所得扣除"是指在计税时根据量能负担原则从纳税人的应税所得中扣除的一定项目的金额，其出发点在于减轻纳税人负担、保障低收入者的基本生活。最初在个人所得税中引入社会保障理念时，其所得扣除项目只有少数几项，随着分类体系的科学化和法理基础的逐渐完善，扣除项目设置日趋体系化和精细化，从一开始的五六项不断增至二十多项。目前，日本个人所得税法规定了14个扣除项目：基础扣除、社保费扣除、配偶扣除、配偶特别扣除、抚养对象扣除、勤劳学生扣除、生命保险费扣除、医疗费用扣除、损失扣除、地震保险费扣除、丧偶或离婚者扣除、小企业退休保险金扣除、捐赠扣除以及残障者扣除。

---

① 根据日本所得税法（https://elaws.e-gov.go.jp/document?lawid=340AC0000000033_20230101_504AC0000000004&keyword=%E6%89%80%E5%BE%97%E7%A8%8E）整理而得。

2018年日本进行税制改革时，将个人所得税作为改革重点，调整的主要内容就是所得扣除项目。一方面调整了扣除项目的结构，将工资、薪金所得和公共年金所得的扣除额降低10万日元，将基础扣除额增加10万日元，减轻了原本无法适用工资、薪金所得和公共年金所得扣除的自营者、非正规就业者等灵活就业人员的税收负担，促进了就业方式多样化，激发经济活力；另一方面压缩扣除上限（见表6-4），同时规定基础扣除额在纳税人年收入超2400万日元时逐步降低，至2500万日元年收入时完全取消基础扣除。

表6-4 2018年日本税改前后应税所得扣除上限变化表[①]

应税所得	税改前 年收入	税改前 扣除上限	税改后 年收入	税改后 扣除上限	备注
工资、薪金所得	超过1000万日元	220万日元	超过850万日元	195万日元	—
公共年金所得	不设扣除上限		超过1000万日元	195.5万日元	除年金以外还有其他较高收入，则会进一步下调扣除限额。

（三）蓝色的纳税申报制度

第二次世界大战后，日本经济凋敝，为了恢复国家正常运转而开征个人所得税，但是由于当时居民收入少，纳税人与税务局之间的矛盾日益加深，偷税、逃税行为严重。在这样的社会经济压力下，为了缓和征纳双方矛盾，有效提高税收征管效率，日本开始实施蓝色申报制度。所谓蓝色申报制度就是会计账簿健全、依法纳税的纳税人可以向纳税所在地税务机关递交申请书，经税务机关许可后可以采用蓝色申报表申报纳税，采用蓝色申报表的纳税人能够享有更多的税收优惠，但是一旦被税务机关发现存在记账错误或者偷税、漏税，纳税人就会被取消蓝色申报资格，按普通纳税者标准缴纳更多的个人所得税。目前日本个人所得税采取源泉扣缴与年终自行申报的方式，不管是哪种方式都适用蓝色申报制度，这种差别待遇一方面有助于通过激励政策提高人们的税收遵从，另一方面也提高了税收征管的效率，使征纳双方的关系更加紧密。

[①] 根据日本所得税法（https://elaws.e-gov.go.jp/document?lawid=340AC0000000033_20230101_504AC0000000004&keyword=%E6%89%80%E5%BE%97%E7%A8%8E）整理而得。

四、小结

美国、英国和日本历经长时期的发展，已经形成了一套符合自身国情的、较为成熟的个人所得税制度。分析他国的个人所得税制度，有助于我们取其精华、去其糟粕。中国的个人所得税改革既要从国情出发，又要置身于世界税改大环境当中。美国、英国、日本三国的个人所得税改革代表了发达国家个人所得税改革的主要趋势：主流为综合课税模式并降低税率减少级次，税基减免更加精细化（即调整个人宽免额和转向税收抵免），个人资本所得税税率持续提升，以及税收征管大数据化智能化。这为中国未来的个人所得税改革提供了借鉴。

第二节　我国个人所得税改革展望

2018年的个人所得税改革由分类所得税制转到综合与分类相结合的所得税制，从"加""减""乘""除"四个方面进行了综合性的改革，是我国个人所得税历史上的一次重大突破，为新时代的个人所得税改革和发展奠定了基础。同时，"十四五"规划站在"两个一百年"奋斗目标的历史交汇点上，把党中央对财税体制的新定位、新战略进行更进一步的细化落实，要求建立现代财税金融体制，更好地发挥财政在国家治理中的基础和重要支柱作用。这表明"十四五"时期税制完善和税收工作必须采取高质量目标导向。聚焦于个人所得税，何为高质量个人所得税体系？具体而言，高质量的个人所得税体系不仅包含优越的税制、先进的技术，还应当包含全社会的优秀的纳税意识与税收遵从，因此税收征收模式、税率结构、扣除制度如何进一步优化，征管技术如何升级以及税收遵从如何提升，都是需要深化改革和完善的，要充分发挥个人所得税收入功能、调节功能，促进社会主要矛盾的解决，推动共同富裕的实现。

一、调节模式：逐步扩大综合征收范围

新个人所得税法落地综合所得方案，将四种类型的劳动收入所得纳入综合征收范围，向综合考量纳税人的税负能力、均衡量能负担的目标迈进了一步。

综合征收对税收征管能力、税收遵从和税源信息的掌控程度等要求高，在客观条件的制约下，2018年的个人所得税改革只将工资、薪金所得，劳务报酬所得，稿酬所得和特许权使用费四项劳动性质的收入所得纳入了综合征收范围，其余五项收入仍然采用分类征收的办法，即"小综合"，其综合征收发挥的实际作用仍然有限。理论上来说，综合征收的范围越大，越能够减少税负扭曲的现象，个人所得税制度在调节功能实现上就能更加充分。但是，一国个人所得税的综合程度往往与征管能力以及国民税收遵从呈正相关，盲目冒进地扩大综合征收的范围会导致偷逃税现象严重、税收制度低效运行。即使是在个人所得税制度综合性最强的美国，仍然会对部分收入采用分类的办法，在拜登政府上调资本利得税的法案通过之前，美国对资本利得单独采用20%的税率。因而我国个人所得税征收模式改革上以"小综合"突破，进而扩大综合征收范围，逐步实现向"大综合"的迈进。从具体的税收收入类型来看，新个人所得税法改革后仍然采用分类办法征收的收入基本都属于资本所得（财产转让所得、财产租赁所得和利息、股息、红利所得）、经营所得和偶然所得，个人所得税深化改革任务还需负重前行。个人所得税继续由"工薪税"向"富人税"转变是新时代高质量个人所得税体系的应有之义。

目前主要有两种观点：一种是将资本所得纳入综合征收的范围，另一种是将经营所得纳入综合征收的范围。前者的难点在于需要和资本管控体系联动，否则容易导致资本外流。后者的痛点在于取得经营所得的多为个体经营户，存在登记管理制度不健全、无照经营等问题。现阶段可以考虑先将财产租赁所得和流动性不强的财产转让所得纳入综合征收的范围。从长期来看，在税收征管能力、税收遵从以及税源信息的掌控程度等条件较为成熟时，可对其他资本所得和经营所得综合征收，进而实现"大综合"。

二、调整税率：不断吸引创新型人才

创新是引领发展的第一动力，在高质量发展的道路上，创新驱动最为紧要。创新的关键要素是创新型人才，当下，各国的人才竞争越发激烈，人才流动性大，很多国家把个人所得税制度作为留住创新型人才的重要手段。我国的个人所得税边际税率相较于多数先发国家高，不利于吸引创新型高级人才。随着经济发展，需要在均衡税制与鼓励创新性之间实现新平衡。

首先，个人所得税最高边际税率应适时下调。我国个人所得税边际税率最高45%，在世界上主要的经济体中，荷兰的最高边际税率为52%，德国、日本、以色列、希腊等国与我国的最高边际税率相似，但是其余大多数国家的最高边际税率是低于我国的。人才的流动与他们实际承担的税负关联紧密，边际税率过高不仅阻碍国外人才流入意愿，而且会助推国内人才外流，长期看将会削弱我国国际人才竞争优势。从国际整体形势上来看，诸如英、美等发达国家都在不断下调个人所得税的边际税率，未来我国个人所得税的最高边际税率应该适时调整优化，或者构建实施对创新性高级人才更加优惠的个人所得税抵扣政策等。

其次，适度简化个人综合所得税率级次。新个人所得税法改革仍然用的是7级超额累进税率，相对于多数先发国家，税率级次较多。除了美国使用7级税率，希腊和墨西哥使用8级税率以及瑞士使用10级税率之外，多数先发国家税率级次在7级之下，俄罗斯甚至直接使用的是单一税率13％。复杂的税率级次增加了征纳税成本。

总之，我国个人所得税相关政策多次修改，大多是考虑减轻中低收入阶层的税负，缩小贫富差距，因此，未来个人所得税改革要在进一步扩大税基、增强税源上发力，要在战略上为提高国家创新能力、提升国家在国际上吸引大量人才的竞争力助力。降低最高税率，减少税率级次，为高收入创新人才提供有吸引力的税收环境；助推全社会，尤其是富裕群体税收遵从的提高，实现个人所得税的应收尽收。

三、优化扣除：专项附加扣除更加灵活合理

新个人所得税法的一个突破在于新增了子女教育、继续教育、大病医疗、住房贷款利息或住房租金、赡养老人及3岁以下婴幼儿照护费用等专项附加扣除项目，全面而科学地减轻了纳税人的税收负担，促进了税负公平。但是现在的专项附加扣除采取的是全国统一的定额扣除方式，例如子女教育专项附加扣除按照每个子女每月1000元的标准定额扣除。定额扣除方式虽然简单易行，但是却并没有充分考虑到个体差异、地区差异以及通货膨胀差异等，无法完全与广大纳税人的个体负担相匹配。因此，在未来，专项附加扣除标准将会加强针对性，进一步适应纳税能力与社会负担多元化、差异化的纳税人需要，使得个人所得税促进收入分配公平更加精准。

首先，专项附加扣除要更加精准精细。我国目前的专项附加扣除方式并没有考虑到纳税人的个体差异。以赡养老人这一项专项附加扣除为例，目前的规定是纳税人赡养一位及以上被赡养人的，按照纳税人是否为独生子女享受不同

的定额扣除。如果纳税人为独生子女，每月定额扣除 2000 元；如果纳税人为非独生子女，则由其与兄弟姐妹分摊每月 2000 元的扣除额度。这也就是说，无论纳税人需要赡养几位老人，扣除的额度是一样的。但是现实生活中，不同的纳税人需要赡养的老人数量是不一样的，不同的纳税人所负担的赡养义务也是不尽相同的。因此，定额扣除方式无法充分实现税负公平，需要更加精准精细地按照纳税人具体情况的差异来决定各项扣除额。

其次，专项附加扣除要充分考虑地区差异。不同的地区因为经济发展等情况不同，物价水平也会有较大差异，生活成本自然也就不同。用住房贷款利息这项来说，我国各地的房价差异十分巨大，北上广深和二线城市的房价不能相提并论。但是各地住房贷款利息扣除均为每月 1000 元，这显然并不符合客观上的巨大成本差异。还有，子女教育费用在不同的地区也是相差甚远。通常情况下，东部地区子女教育费用的支出相比中部和西部更加繁重。因此，未来个人所得税改革应在条件成熟时将地区差异充分考虑进专项附加扣除中，适当设置扣减系数以体现地区差异。

最后，专项附加扣除还需要考虑通货膨胀差异。不同时期，通货膨胀将会对纳税人的生活成本产生较大影响。为了减少通货膨胀对个人所得税制度时效性的影响，扣除标准每年应根据居民消费指数调整。

四、升级征管：加强个人所得税征管体系建设

税收征管水平不仅体现了一个国家治理体系、治理能力的现代化水平，而且税收征管水平的提高也为国家治理体系运转、治理能力实现提供了财力保障。随着居民收入来源多元化，新个人所得税法的实施对征管环节提出了更高的要求，加强个人所得税征管体系建设，探索现代化、智慧化的征管模式成为完善个人所得税制度的重要环节。

首先，在征管技术方面，个人所得税征管需大数据技术的深度嵌入。依托大数据平台，新个人所得税法改革以纳税人身份证号作为个人唯一的纳税识别号，通过多部门实时联网的信息共享系统，汇聚纳税人的涉税信息，智能检测纳税人申报数据是否存在异常，对不符事项及时进行系统提醒，最大限度地堵塞税源漏洞。可进一步借鉴法人纳税信用评级，税务机关需与央行等机构部门进行信息共享，建立统一的自然人纳税信用库，根据纳税人主动纳税、行政处罚等情况自动生成纳税人的信用评分、信用评级，进而实施相关奖励措施以及限制高消费、重点监控等惩罚措施。

其次，在征管环境方面，征管人员的业务能力和素质高低会直接影响到个人所得税征管的效率。为此，一方面要不断提升和谐的征纳关系，更好引导纳税人自觉依法纳税，实现全体纳税人用国家个人所得税 APP 线上纳税；另一方面要着力提升征管人员的专业素养和稽查能力，确保其及时掌握最新个人所得税政策，提高税务部门的业务处理效率，优化纳税人的办税服务体验。

总的来说，我国个人所得税征管体系正在快速完善，税收征管智慧化与时俱进。但随着个人所得税的不断改进，金税工程涉及个人所得税征管的监督模块需要不断更新升级，从征管技术的优化和征管环境的改善等方面进一步加强个人所得税征管体系的建设。

五、提升遵从："强制遵从"与"自愿遵从"双轮驱动

新个人所得税法新增了反避税条款，为税务部门打击高收入人群偷逃税款提供了有利的法律依据。然而一个健康、和谐的税收环境，仅仅依靠国家强制力的保障还不够，引导纳税人形成自觉依法纳税的意识，培养依法纳税的自愿遵从，才能更好地从源头上解决税款的流失问题。因此，应从税收知识普及、财政透明度加强、社会风气带动等方面入手，逐步提升全社会的税收遵从，引导纳税人从被动的"强制遵从"向主动的"自愿遵从"转变，实现个人所得税体系中德治与法治的有效结合。

首先，在义务教育阶段全面开设必修依法纳税的课程，使学生树立依法纳税是每个纳税人法定义务的观念意识。通过电视、广播、网络、主题教育等途径加强对个人所得税知识的宣传，内容包括但不限于个人所得税申报方式、税额计算方法、税收优惠政策等，让全社会成员对个人所得税计征有正确的认知，明确征纳双方的权利和义务。突出我国税收"取之于民，用之于民"的社会主义本质，通过一些与生活息息相关的例子，让民众切身体会到个人所得税在调节收入分配、缩小贫富差距、提供公共物品等方面发挥的重要作用，减轻纳税人的排斥情绪，增进社会对征收个人所得税的认同。

其次，政府应当制定财政信息披露与管理制度，加大财政信息公开力度，在政府官网上及时公布财政收支信息，提高财政透明度。一方面可以让纳税人通过公开信息直接感受到自己为社会做出的贡献，增加纳税人的社会参与感和荣誉感，提高纳税主动性；另一方面也有助于纳税人对政府以及税务机关进行监督，提升政府部门的行政效率和税款的使用效率，增强民众对政府的信任度，形成征纳双方的良性互动。

最后，全体成员自觉依法纳税是一种理想的目标，在实现这一目标的过程中，除了通过宣传潜移默化地改变纳税人对税收的认知，通过教育提高民众的整体纳税素质外，相关税收法律的保障也必不可少。新个人所得税法颁布的反避税条款属于初步立法，条款设置还未细化，下一步应当借鉴国际经验，健全和规范反避税条款，增加税务机关对偷逃税款自然人的稽查权限，明确奖惩措施，通过各种宣传渠道强调偷逃税的后果，用偷逃税的严重后果警示和威慑有偷逃税动机的纳税人，不断强化纳税人的纳税意识，以良好的社会风气助推税收遵从的提升。

总体而言，税收遵从受到多重因素的影响，提高全民整体的税收遵从是一个循序渐进的过程。我国目前主要采取立法手段对纳税人进行约束，未来还应通过多种措施转变纳税人的观念，增加纳税人对税收的认同，使其从"强制遵从"向"自愿遵从"转变，营造和谐的税收环境。

六、小结

2018年的新个人所得税法改革为建立新时代高质量个人所得税体系确定了框架，未来的个人所得税更会在共同富裕目标下，在全面建成小康社会的基础上，不断向前迈进。应逐步扩大综合征收范围，贴近纳税人真实负担水平，体现地区差异要求，充分发挥综合征收的调节功能；调整税率结构，优化税收扣除制度。在税收征管体系上，要做到"软硬兼施"，既推动硬性技术的互联互通和共享升级，又实现软性纳税环境的舒适高效。除此以外，要从纳税法律的完善、纳税知识的宣传、纳税意识的培养等方面促进社会公众的共同遵从，实现从"强制遵从"到"自愿遵从"的转变。个人所得税的改革必将在不断深化的改革历程中响应时代要求，完成时代使命。

下篇
法规·征纳·解惑

为了能让读者对新个人所得税法有更清晰的认识，同时为解决纳税人在使用新个人所得税法和相关条例进行计算、申报和缴纳时所遇到的问题，本书特在下篇部分用详尽的问答形式，让读者在轻松阅读中了解相关知识和政策、明白个人所得税的计算方法及缴纳流程，同时对常见的征纳问题进行答疑解惑，并对网络咨询平台等内容进行介绍，以期为读者提供尽量翔实的个人所得税征管"实践"知识。

第七章　个人所得税计算与申报

本章的主要内容为个人所得税计算与申报，是对2018年公布的《中华人民共和国个人所得税法》以及《中华人民共和国个人所得税法实施条例》的详解，主要通过问答形式对纳税人取得9项所得该如何缴税分别进行了介绍，并通过实际案例举例说明，进一步让读者明白个人所得税的计算方法。

第一节　个人所得税计算规则

一、个人所得税的缴纳范围

新个人所得税法将个人所得税应税项目分为9个明细项目，分别为工资、薪金所得，劳务报酬所得，稿酬所得，特许权使用费所得，经营所得，利息、股息、红利所得，财产租赁所得，财产转让所得，偶然所得。

二、个人取得了多种类型的所得，如何缴税？

因为个人不同类型的所得适用不同的税率以及纳税申报流程，因此如果个人取得的所得不止一项，则不能合并按一个项目纳税。例如，小王在2020年1月工资收入为6000元，同时将自己的房屋出租出去收入2000元，此外购买体育彩票幸运地中奖10万元，那么小王这个月应该分别按工资、薪金所得，财产租赁所得，偶然所得缴纳个人所得税。

三、综合所得的内容以及缴纳程序

（一）综合所得的内容

新个人所得税法中，综合所得包括工资、薪金所得，劳务报酬所得，稿酬所得，特许权使用费所得四个方面，具体的征税范围如下：

一是工资、薪金所得。它是指个人因任职或者受雇取得的工资、薪金、奖金、年终加薪、劳动分红、津贴、补贴以及与任职或者受雇有关的其他所得。

二是劳务报酬所得。它是指个人从事劳务取得的所得，包括从事设计、装潢、安装、制图、化验、测试、医疗、法律、会计、咨询、讲学、翻译、审稿、书画、雕刻、影视、录音、录像、演出、表演、广告、展览、技术服务、介绍服务、经纪服务、代办服务以及其他劳务取得的所得。

三是稿酬所得。它是指个人因其作品以图书、报刊等形式出版、发表而取得的所得。

四是特许权使用费所得。它是指个人提供专利权、商标权、著作权、非专利技术以及其他特许权的使用权取得的所得，其中提供著作权的使用权而取得的所得不包括稿酬所得。

（二）居民个人综合所得应纳税额的计算

计算居民个人取得综合所得的应纳税所得额，并不是简单地将综合所得的所有收入加总在一起，而是每一纳税年度的收入额减除费用60000元以及专项扣除、专项附加扣除和依法确定的其他扣除后的余额。然后依照个人所得税税率表一（见表7-1），合并计算。具体来说，个人取得综合所得实际最终应缴纳的个人所得税的计算公式为：

综合所得应纳税额=（综合所得收入额-60000元-专项扣除-专项附加扣除-依法确定的其他扣除）×适用税率-速算扣除数

表7-1 个人所得税税率表一（综合所得适用）

级数	全年应纳税所得额	税率（%）	速算扣除数
1	不超过36000元的	3	0
2	超过36000元至144000元的部分	10	2520
3	超过144000元至300000元的部分	20	16920

续表

级数	全年应纳税所得额	税率（%）	速算扣除数
4	超过300000元至420000元的部分	25	31920
5	超过420000元至660000元的部分	30	52920
6	超过660000元至960000元的部分	35	85920
7	超过960000元的部分	45	181920

针对综合所得的应纳税额的计算公式，有以下几个问题值得注意：

第一，如何确定综合所得的收入额？新个人所得税法规定，劳务报酬所得和特许权使用费所得以收入减除20%的费用后的余额为收入额，稿酬所得的收入额在减除20%的费用的基础上再减按70%计算。

第二，专项扣除包含哪些？居民个人按照国家规定的范围和标准缴纳的基本养老保险、基本医疗保险、失业保险等社会保险费和住房公积金等都包含在专项扣除之内。个人实际负担的"三险一金"可以扣除，企业负担的"三险一金"未纳入个人收入，不得在此扣除。

第三，专项附加扣除指的是什么？专项附加扣除包含子女教育、继续教育、大病医疗、住房贷款利息、住房租金、赡养老人、婴幼儿照护等项目，具体的扣除标准如表7-2所示。

表7-2 居民个人综合所得专项附加扣除及其扣除标准

专项附加扣除	扣除标准
子女教育	纳税人子女接受全日制学历教育的相关支出按照每个子女1000元的标准定额扣除，父母可以选择由其中一方按扣除标准的100%扣除，也可以选择由双方分别按扣除标准的50%扣除。年满3岁至小学入学前处于学前教育阶段的子女也可按上述标准扣除。
继续教育	境内学历（学位）继续教育：每月400元，同一学历（学位）继续教育的扣除期限不超过48个月。 职业资格继续教育：在取得相关证书的当年，按照3600元定额扣除。 继续教育支出可以选择由其父母扣除，也可以选择由本人扣除。
大病医疗	由个人负担的超过15000元的医药费用支出部分，在80000元标准限额据实扣除。
住房贷款利息	指纳税人及配偶的首套商贷或公积金贷款利息。在实际发生贷款利息的年度，按照每月1000元的标准定额扣除，扣除期限最长不超过240个月。纳税人只能享受一次首套住房贷款的利息扣除。经夫妻双方约定，可以选择由其中一方扣除，具体扣除方式在一个纳税年度内不能变更。

103

续表

专项附加扣除	扣除标准
住房租金	第一类：直辖市、省会（首府）城市、计划单列市以及国务院确定的其他城市，扣除标准为每月 1500 元。 第二类：除第一类所列城市以外，市辖区户籍人口超过 100 万的城市，扣除标准为每月 1100 元。 第三类：市辖区户籍人口不超过 100 万的城市，扣除标准为每月 800 元。 住房租金支出由签订租赁住房合同的承租人扣除，与住房贷款利息择一扣除。
赡养老人	纳税人为独生子女的，按照每月 2000 元的标准定额扣除。 纳税人为非独生子女的，由其与兄弟姐妹分摊每月 2000 元的扣除额度，每人分摊的额度不能超过每月 1000 元。可以由赡养人均摊或者约定分摊，也可以由被赡养人指定分摊。约定或者指定分摊的须签订书面分摊协议，指定分摊优先于约定分摊。具体分摊方式和额度在一个纳税年度内不能变更。 此处所指的被赡养人是指年满 60 岁的父母，以及子女均已去世的年满 60 岁的祖父母、外祖父母。
婴幼儿照护	纳税人照护 3 岁以下婴幼儿子女的相关支出，按照每名婴幼儿每月 1000 元的标准定额扣除，可以选择由夫妻一方按扣除标准的 100% 扣除，也可以选择由夫妻双方分别按扣除标准的 50% 扣除。

第四，依法确定的其他扣除指的是什么？依法确定的其他扣除包括：个人缴付符合国家规定的企业年金、职业年金，个人购买符合国家规定的商业健康保险支出，个人购买符合国家规定的税收递延型商业养老保险支出和国务院规定可以扣除的其他项目。

因此，居民个人综合所得的应纳税额可根据图 7−1 计算。

综合所得应纳税额=（综合所得收入额-60000元-专项扣除-专项附加扣除-依法确定的其他扣除） 适用税率-速算扣除数

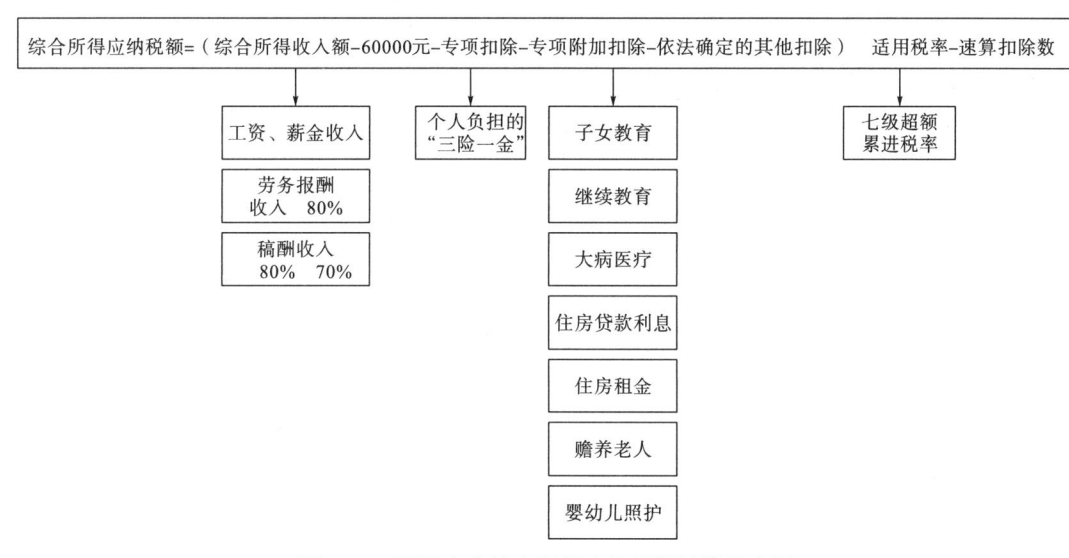

```
工资、薪金收入
劳务报酬收入 80%
稿酬收入 80% 70%

个人负担的"三险一金"

子女教育
继续教育
大病医疗
住房贷款利息
住房租金
赡养老人
婴幼儿照护

七级超额累进税率
```

图 7-1 居民个人综合所得应纳税额计算示意图

在进行个人所得税综合所得应纳税额的计算时，存在一个全年一次性奖金的优惠问题。居民个人取得的全年一次性奖金，可以选择并入当年综合所得计算纳税；也可以选择不并入当年综合所得，以全年一次性奖金收入除以12个月得到的数额，按照按月换算后的综合所得税率表（见表7-3），确定适用税率和速算扣除数，单独计算纳税。按规定，全年一次性奖金可单独计税优惠政策延长至2023年底，个人可以根据自己的实际情况选择一种最优的计税方式。将全年一次性奖金单独计税的计算公式为：

应纳税额＝全年一次性奖金收入×适用税率－速算扣除数

表 7-3 按月换算后的综合所得税率表

级数	应纳税所得额	税率（%）	速算扣除数
1	不超过3000元的	3	0
2	超过3000元至12000元的部分	10	210
3	超过12000元至25000元的部分	20	1410
4	超过25000元至35000元的部分	25	2660
5	超过35000元至55000元的部分	30	4410
6	超过55000元至80000元的部分	35	7160
7	超过80000元的部分	45	15160

例如，甲企业员工小王，2021年取得的收入如下：每月工资11000元，12月公司发放了年终奖120000元。全年缴纳的符合国家规定的"三险一金"合计28000元，同时符合条件的专项附加扣除合计为36000元，没有其他扣除项。假定小王无其他综合所得及减免税事项，我们分别计算一下采用两种不同的奖金计税方法时，小王2021年应缴纳多少税款？

方式一：将年终奖单独计税。

120000/12＝10000元，按照按月换算后的综合所得税率表（见表7-3），确定适用税率为10％，速算扣除数为210元，因此全年一次性奖金的应纳税额＝120000×10％－210＝11790元，不含全年一次性奖金的综合所得应纳个人所得税＝（11000×12－60000－28000－36000）×3％＝240元，合计应纳个人所得税＝11790＋240＝12030元。所以，年终奖采用单独计税的情况下，小王合计需要缴纳12030元。

方式二：将年终奖并入当年综合所得计税。

小王2021年综合所得应纳个人所得税＝（11000×12＋120000－60000－28000－36000）×10％－2520＝10280元，将年终奖并入当年综合所得计税，比单独计税节省12030－10280＝1750元，所以小王的这笔年终奖和工资并入当年综合所得一起缴纳个人所得税，会更划算。

需要说明的是工资收入与年终奖是动态变化的，当二者高过一定数额时，将年终奖单独计税会更划算（参阅前文相关内容）。

（三）综合所得如何预扣预缴？

前面提到的居民个人综合所得应纳税额计算公式指的是居民个人取得综合所得一年实际应缴纳的个人所得税，但是在现实中，综合所得采用按月或按次预扣预缴、年终汇算清缴的征收管理办法。也就是说，扣缴义务人向居民个人支付综合所得时，应按照规定的方法预扣预缴，如果年度预扣预缴税额与年度应纳税额不一致，则由居民个人于次年3月1日至6月30日向主管税务机关办理汇算清缴，税款多退少补。那么，综合所得是怎么进行预扣预缴的呢？

1. 扣缴义务人向居民个人支付工资、薪金所得

本期应预扣预缴税额＝累计预扣预缴应纳税所得额×预扣率－速算扣除数－累计减免税额－累计已预扣预缴税额

累计预扣预缴应纳税所得额＝累计收入－累计免税收入－累计减除费用－累计专项扣除－累计专项附加扣除－累计依法确定的其他扣除

其中，累计减除费用，按照5000元/月乘以纳税人当年截至本月在本单位的任职受雇月份数计算。

上述公式中的预扣率、速算扣除数,按个人所得税预扣率表一(见表7-4)执行。

表7-4 个人所得税预扣率表一

(居民个人工资、薪金所得预扣预缴适用)

级数	累计预扣预缴应纳税所得额	预扣率(%)	速算扣除数
1	不超过36000元的部分	3	0
2	超过36000元至144000元的部分	10	2520
3	超过144000元至300000元的部分	20	16920
4	超过300000元至420000元的部分	25	31920
5	超过420000元至660000元的部分	30	52920
6	超过660000元至960000元的部分	35	85920
7	超过960000元的部分	45	181920

2. 扣缴义务人向居民个人支付劳务报酬所得

每次收入不超过4000元时,劳务报酬所得应预扣预缴税额=(收入-800元)×预扣率-速算扣除数

每次收入超过4000元时,劳务报酬所得应预扣预缴税额=收入×(1-20%)×预扣率-速算扣除数

上述公式中的预扣率、速算扣除数,按个人所得税预扣率表二(见表7-5)执行。

表7-5 个人所得税预扣率表二

(居民个人劳务报酬所得预扣预缴适用)

级数	预扣预缴应纳税所得额	预扣率(%)	速算扣除数
1	不超过20000元的	20	0
2	超过20000元至50000元的部分	30	2000
3	超过50000元的部分	40	7000

3. 扣缴义务人向居民个人支付稿酬所得

每次收入不超过4000元时,稿酬所得应预扣预缴税额=(收入-800元)×70%×20%

每次收入超过 4000 元时，稿酬所得应预扣预缴税额＝收入×（1－20％）×70％×20％

4. 扣缴义务人向居民个人支付特许权使用费所得

每次收入不超过 4000 元时，特许权使用费所得应预扣预缴税额＝（收入－800 元）×20％

每次收入超过 4000 元时，特许权使用费所得应预扣预缴税额＝收入×（1－20％）×20％

居民个人综合所得预扣预缴存在以下特殊规定：

第一，对于自纳税年度首月起至新入职时，未取得工资、薪金所得或者未按照累计预扣法预扣预缴过连续性劳务报酬所得个人所得税的居民个人来说，扣缴义务人在预扣预缴时，可按照 5000 元/月乘以纳税人当年截至本月份数计算累计减除费用。

例如，家庭主妇张某，2020 年 1 月至 6 月份一直未找到工作，没有取得过工资、薪金所得，7 月初找到新工作并开始领薪。假设当月公司向其发放工资 10000 元，张某个人缴付"三险一金"1000 元，且在 2020 年度填报了子女教育专项附加扣除，除此之外，无其他收入来源及扣除情况。

老方法：本期工资薪金个人所得税预扣预缴税额＝（10000－5000－1000－1000）×3％＝90（元）。

新方法：张某在预扣预缴个人所得税时，可扣除的累计减除费用为 35000 元（7 个月×5000 元/月）。

由于本期可扣除的减除费用（35000 元）大于本期工资金额（10000 元），所以，张某无需预缴个人所得税。

第二，对于正在接受全日制学历教育的学生因实习取得劳务报酬所得的，扣缴义务人预扣预缴个人所得税时，可根据累计预扣法计算并预扣预缴税款。具体计算公式为：

本期应预扣预缴税额＝（累计收入额－累计减除费用）×预扣率－速算扣除数－累计减免税额－累计已预扣预缴税额

其中，累计减除费用按照 5000 元/月乘以纳税人在本单位开始实习月份起至本月的实习月份数计算。

例如，实习生王某 2020 年 7 月份在某公司实习取得劳务报酬 8000 元，无免税及其他扣除情况。

老方法：劳务报酬个人所得税预扣预缴税额＝8000×（1－20％）×20％＝1280（元）。

新方法：实习生劳务报酬所得的预扣率、速算扣除数，与工资、薪金所得的预扣税率、速算扣除数一致。

因此，王某需预缴个人所得税＝[8000×（1－20%）－5000]×3%＝42（元），较老方法少预缴 1238 元。

第三，对上一完整纳税年度内每月均在同一单位预扣预缴工资、薪金所得个人所得税且全年工资、薪金收入不超过 6 万元的居民个人，扣缴义务人在预扣预缴本年度工资、薪金所得个人所得税时，累计减除费用自 1 月份起直接按照全年 6 万元计算扣除，即在纳税人累计收入不超过 6 万元的月份，暂不预扣预缴；在其累计收入超过 6 万元的当月及年内后续月份，再预扣预缴。

（四）综合所得如何进行汇算清缴？

居民个人取得综合所得在以下情形下需要办理汇算清缴：

（1）从两处以上取得综合所得，且综合所得年收入额减除专项扣除的余额超过 6 万元。

（2）取得劳务报酬所得、稿酬所得、特许权使用费所得中一项或者多项所得，且综合所得年收入额减除专项扣除的余额超过 6 万元。

（3）纳税年度内预缴税额低于应纳税额。

（4）纳税人申请退税。

值得注意的是，很多人有一个误区是"综合所得汇算清缴＝退税"，实际上这种想法是错误的，综合所得汇算清缴实际上是对居民个人的年度预扣预缴金额进行多退少补。具体的计算公式如下：

居民个人年度汇算应退或应补税额＝（综合所得收入额－60000 元－专项扣除－专项附加扣除－依法确定的其他扣除）×适用税率－速算扣除数－当年已预扣预缴税额

（五）非居民个人综合所得如何缴税？

扣缴义务人向非居民个人支付综合所得时，应当按月或者按次代扣代缴个人所得税，适用税率如表 7—6 所示。具体的计算方式如下：

（1）工资、薪金所得应纳税额＝（每月收入额－5000 元）×税率－速算扣除数。

（2）劳务报酬所得、特许权使用费所得应纳税额＝收入×（1－20%）×税率－速算扣除数。

（3）稿酬所得应纳税额＝收入×（1－20%）×70%×税率－速算扣除数。

表 7-6 个人所得税税率表三

（非居民个人工资、薪金所得，劳务报酬所得，稿酬所得，特许权使用费所得适用）

级数	应纳税所得额	税率（%）	速算扣除数
1	不超过 3000 元的	3	0
2	超过 3000 元至 12000 元的部分	10	210
3	超过 12000 元至 25000 元的部分	20	1410
4	超过 25000 元至 35000 元的部分	25	2660
5	超过 35000 元至 55000 元的部分	30	4410
6	超过 55000 元至 80000 元的部分	35	7160
7	超过 80000 元的部分	45	15160

四、经营所得包括哪些？如何缴税？

经营所得包括以下四个方面：

（1）个体工商户从事生产、经营活动取得的所得，个人独资企业投资人、合伙企业的个人合伙人来源于境内注册的个人独资企业、合伙企业生产、经营的所得。

（2）个人依法从事办学、医疗、咨询以及其他有偿服务活动取得的所得。

（3）个人对企业、事业单位承包经营、承租经营以及转包、转租取得的所得。

（4）个人从事其他生产、经营活动取得的所得。

个人取得经营所得以每一纳税年度的收入总额减除成本、费用以及损失后的余额为应纳税所得额，依据个人所得税税率表二（见表 7-7）计算。

表 7-7 个人所得税税率表二

（经营所得适用）

级数	全年应纳税所得额	税率（%）	速算扣除数
1	不超过 30000 元的	5	0
2	超过 30000 元至 90000 元的部分	10	1500
3	超过 90000 元至 300000 元的部分	20	10500
4	超过 300000 元至 500000 元的部分	30	40500
5	超过 500000 元的部分	35	65500

值得注意的是，取得经营所得的个人，没有综合所得的，在计算其每一纳税年度的应纳税所得额时，应当减除费用 60000 元、专项扣除、专项附加扣除以及依法确定的其他扣除。专项附加扣除在办理汇算清缴时减除。

例如，小王投资的独资企业 2020 年度收入 100 万元，成本费用损失等可扣除 60 万元，如果小王还有其他综合所得，那么小王 2020 年取得的经营所得的应纳税额的计算为：

应纳税所得额＝1000000－600000＝400000（元）

应纳税额＝400000×30％－40500＝79500（元）

如果小王没有其他综合所得，自行缴纳社保每月 1500 元，申报专项附加扣除为每月 2000 元，那么小王 2019 年取得的经营所得的应纳税额的计算为：

应纳税所得额＝1000000－600000－60000－1500×12－2000×12＝298000（元）

应纳税额＝298000×20％－10500＝49100（元）

五、利息、股息、红利所得的内容及计算

利息、股息、红利所得指的是个人拥有债权、股权等而取得的利息、股息、红利所得。利息、股息、红利所得，以支付利息、股息、红利时取得的收入为一次。利息、股息、红利所得的应纳税额＝每次收入额×20％。

例如，自然人小王作为 A 公司的股东，在 2020 年获得股息分红总计 500 万元，那么小王需要缴纳股息分红个人所得税为：500×20％＝100（万元）。

六、财产租赁所得的内容及计算

财产租赁所得指的是个人出租不动产、机器设备、车船以及其他财产取得的所得。财产租赁所得，以一个月内取得的收入为一次。财产租赁所得一般税率为 20％，但是对个人出租房屋取得的所得暂减按 10％的税率征收。

个人取得财产租赁所得时，其在缴纳个人所得税时，有四项准予扣除项目：

第一，财产租赁过程中缴纳的税费。

第二，向出租方支付的租金，也就是说，在存在转租情况下，个人向出租方支付的租金，在计算转租所得时可以扣除。

第三，由纳税人负担的租赁财产实际开支的修缮费用，每次以 800 元为

限，一次扣不完的，可在后期扣除。

第四，税法规定的费用扣除标准，每次收入不超过4000元的，定额减除费用800元；每次收入超过4000元的，定率减除20%的费用。

具体来说，财产租赁所得的应纳税额计算可以分为以下两种情形。

情形一，当每次收入不超过4000元时：

财产租赁所得的应纳税所得额＝收入－税费－支付租金－修缮费用－800

财产租赁所得的应纳税额＝应纳税所得额×适用税率

情形二，当每次收入超过4000元时：

财产租赁所得的应纳税所得额＝（收入－税费－支付租金－修缮费用）×（1－20%）

财产租赁所得的应纳税额＝应纳税所得额×适用税率

七、财产转让所得的内容及计算

财产转让所得是指个人转让有价证券、股权、合伙企业中的财产份额、不动产、机器设备、车船以及其他财产取得的所得。财产转让所得以一次转让财产的收入额减除财产原值和合理费用后的余额为应纳税所得额，适用20%的比例税率。

不同财产的财产原值的确定方式是不同的。当被转让财产为有价证券时，以买入价以及买入时按照规定交纳的有关费用为财产原值；当被转让财产为建筑物时，以建造费或者购进价格以及其他有关费用为财产原值；当被转让财产为土地使用权时，以取得土地使用权所支付的金额、开发土地的费用以及其他有关费用为财产原值；当被转让财产为机器设备、车船时，以购进价格、运输费、安装费以及其他有关费用为财产原值。其他财产的财产原值，参照前面的方法确定。

合理费用是指卖出财产时按照规定支付的有关税费。

因此，个人取得财产转让所得时应缴纳的个人所得税的计算方式如下：

财产转让所得的应纳税额＝（收入额－财产原值－合理费用）×20%

八、偶然所得的内容及计算

偶然所得指的是个人得奖、中奖、中彩以及其他偶然性质的所得。偶然所得以每次取得该项收入为一次，基础税率为20%。

例如，小王 2020 年 1 月在商场抽奖中奖 8000 元，那么小王的应纳税额＝8000×20％＝1600（元）。

当然，个人取得偶然所得在计算缴纳个人所得税时，存在着一些特殊规定：

第一，对个人购买社会福利有奖募捐奖券一次中奖收入不超过 1 万元的，暂免征收个人所得税；对一次中奖收入超过 1 万元的，应按税法法规全额征税。

第二，对个人购买体育彩票的一次中奖收入不超过 1 万元的，暂免征收个人所得税；超过 1 万元的，应按税法规定全额征税。

第三，企业在业务宣传、广告等活动中，随机向本单位以外的个人赠送礼品（包括网络红包，下同），以及企业在年会、座谈会、庆典以及其他活动中向本单位以外的个人赠送礼品，个人取得的礼品收入，按照偶然所得项目计算缴纳个人所得税，但企业赠送的具有价格折扣或折让性质的消费券、代金券、抵用券、优惠券等礼品除外。

第四，个人参加有奖储蓄取得的各种形式的中奖所得属于机遇性的所得，应按照个人所得税法中偶然所得应税项目的规定征收。虽然这种中奖所得具有银行储蓄利息二次分配的特点，但对中奖个人而言，已不属于按照国家规定利率标准取得的存款利息所得。支付该项所得的各级银行部门是税法规定的代扣代缴义务人，在其向个人支付有奖储蓄中奖所得时应按照偶然所得应税项目扣缴个人所得税税款。

第五，个人在境外取得博彩所得属于偶然所得应税项目，适用比例税率 20％。

第六，个人因在各行各业做出突出贡献而从省级以下人民政府及其所属部门取得的一次性奖励收入，不论其奖金来源于何处，均不属于税法所规定的免税范畴，应按偶然所得项目征收。

第七，个人取得单张有奖发票奖金所得不超过 800 元（含 800 元）的，暂免征收个人所得税；个人取得单张有奖发票奖金所得超过 800 元的，应全额按照个人所得税法规定的偶然所得目征收。

第八，企业向个人支付的不竞争款项属于个人因偶然因素取得的一次性所得，应按偶然所得项目征收。

第二节　个人所得税申报规则

个人所得税的纳税申报以《中华人民共和国个人所得税法》（2018年8月31日第十三届全国人民代表大会常务委员会第五次会议修正）和《中华人民共和国个人所得税法实施条例》（中华人民共和国国务院令第707号）为根据，按照《国家税务总局关于发布〈个人所得税扣缴申报管理办法（试行）〉的公告》（2018年第61号）和《国家税务总局关于个人所得税自行纳税申报有关问题的公告》（国家税务总局公告2018年第62号）进行纳税申报，结合《国家税务总局关于办理2020年度个人所得税综合所得汇算清缴事项的公告》（国家税务总局公告2021年第2号）以及众多公告的解读，完成计算及申报。

第八章 个人所得税常见问题解答

本章对个人所得税征管中广大群众普遍关心的问题进行了解答,主要涉及纳税人自行申报纳税的操作说明、纳税人取得境外所得的个人所得税计算方法、退税处理的操作流程、非居民和无住所个人缴纳个人所得税的相关政策、对扣缴义务人 Web 端的介绍及操作说明以及个人所得税问题咨询平台的相关介绍。

第一节 纳税申报处理

本节对纳税人取得综合所得、取得分类所得、取得应税所得但扣缴义务人未扣缴税款、取得境外所得、移居境外注销中国户籍、非居民个人在中国境内两处以上取得工资、薪金所得六种情况的纳税申报处理,给出了政策解读、情况说明、操作流程及特殊处理等方面的解答,方便纳税人"对号入座",找到自己所需要的纳税申报情景并完成纳税申报义务。

一、取得综合所得需要办理汇算清缴的纳税申报

(一)取得综合所得需要办理汇算清缴如何进行纳税申报?

1. 办理时间

每年的 3 月 1 日至 6 月 30 日。

在中国境内无住所的纳税人在 3 月 1 日前离境的,可以在离境前办理年度汇算。

2. 办理对象

涉及退税或者补税，均需进行年度汇算清缴。以下情况可免于汇算清缴：纳税人年度汇算需补税，但年度综合所得收入不超过 12 万元的；纳税人年度汇算需补税金额不超过 400 元的；纳税人已预缴税额与年度应纳税额一致或者不申请年度汇算退税的。

3. 办理方式

建议使用手机个人所得税 APP 办理年度汇算，选择正确的申报方式。

（1）简易申报。

本年度取得的综合所得收入额未超过 6 万元，且已预缴税款，需要申请退税的，请选择"简易申报"方式，如学生劳务报酬等。

（2）标准申报。

本年度综合所得年收入额超过 6 万元，需要进行年度汇算清缴退（补）税的，请选择"标准申报"方式，如两处取得工资薪酬收入的需补税等。

（二）如何使用个人所得税 APP 进行综合所得的汇算清缴？

（1）下载并安装个人所得税 APP，如不小心误删该软件，可重新下载安装。已注册用户在自然人电子税务局终端的信息和数据不会删除。

（2）安装个人所得税 APP 后，请务必检查个人信息是否完整，尤其是银行卡是否绑定，否则会影响退税款到账。

（3）如果对个人所得税 APP 上查出的本年度收入数据、专项附加扣除信息等存有疑问，请与扣缴义务人联系。

（4）个人所得税 APP 已预填了您已申报的工资、薪金所得及预缴税额，如果有外单位为您申报的劳务报酬、稿酬、特许权使用费所得，申报时需自行添加或者查询导入，以并入综合所得，确保汇算信息准确无误。

（5）如果您本年度存在符合条件但未填报的专项附加扣除，请点击个人所得税 APP 首页"专项附加扣除填报"，选择扣除年度（如"2019"）进行填报。本年度未足额享受的专项附加扣除，也可以通过"综合所得年度汇算"—"收入和税前扣除"页面上的专项附加扣除"新增"功能，补充填写并扣除。

（6）个人所得税 APP 查询页面中的"申诉"和"批量申诉"并不能进行个人所得税汇算清缴退（补）税款，请谨慎点击，除非确实必要，否则会造成不必要的修改处理上的困扰，无法顺利退（补）税。

（7）申报后，如您发现申报数据有误，可进行更正或者作废。具体操作时,可通过个人所得税 APP 首页"查询"—"申报查询(更正/作废申报)"—"申报详情"查看已申报情况。但是,如您已申请退税,需要先撤销退税,再进行更正或作废;如果您前次申请退税已办理成功,则您无法撤销,需结合上次申报情况申报更正。

(8) 综合所得年度汇算是本人以纳税人身份与国家税务总局办理的清算业务,涉及的补税或退税也是由本人与国家税务总局之间直接结算。其中,申请退税是权利,可以放弃退税,无需承担任何责任。纳税人需要补税(符合规定的免予汇算情形除外)却未依法办理综合所得年度汇算的,可能面临税务行政处罚,并记入个人纳税信用档案。需要补税的请于次年 6 月 30 日前补缴税款,否则将面临每日万分之五加收滞纳金。

二、取得分类所得的纳税申报

(一) 什么是分类所得个人所得税代扣代缴申报?

《自然人电子税务局扣缴客户端用户操作手册》说明:分类所得个人所得税代扣代缴申报,是指扣缴义务人向居民个人支付分类所得时,不论其是否属于本单位人员、支付的分类所得是否达到纳税标准,扣缴义务人应按月或按次计算个人所得税,在代扣税款的次月十五日内,向主管税务机关报送《个人所得税扣缴申报表(适用于分类所得代扣代缴)》和主管税务机关要求报送的其他有关资料。实行个人所得税分类所得扣缴申报的应税所得包括:利息、股息、红利所得,财产租赁所得,财产转让所得,偶然所得。取得的所得适用比例税率,税率为 20%。

(二) 分类所得个人所得税代扣代缴申报流程

扣缴义务人登录自然人电子税务局扣缴客户端(图 8-1),在首页功能菜单栏点击"分类所得申报",进入"一般分类所得代扣代缴申报"页面,页面上方为申报主流程导航栏,根据"1 收入及减除填写""2 附表填写"和"3 申报表报送"三步流程完成分类所得个人所得税代扣代缴申报。

个税改革知多少

图8-1 自然人电子税务局扣缴客户端

1. 收入及减除填写

点击界面下方一般分类所得申报表名称或"填写"进入表单,即可进行数据的录入。

(1) 利息、股息、红利所得申报表(如图8-2)。

图8-2 利息、股息、红利所得申报表

"应纳税所得额":系统自动计算出。应纳税所得额=(收入-免税收入)×减按计税比例-扣除及减除项目合计。

注意,在选择"汇总申报"时,姓名、证照号码和证照类型都为空,不可修改。

(2) 财产租赁所得申报表(如图8-3)。

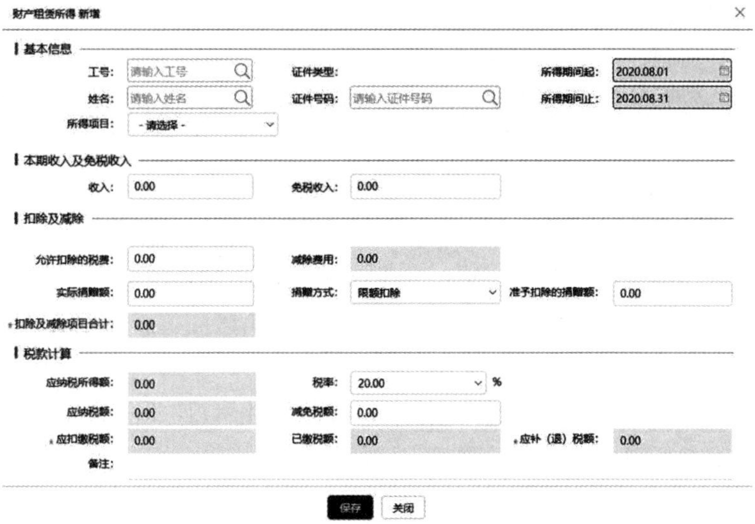

图 8-3 财产租赁所得申报表

分类所得中只有该项所得可减除费用，每次收入不超过 4000 元的，减除费用 800 元；4000 元以上的，减除 20% 的费用。

"所得项目"：包含"个人出租住房所得"和"其他财产租赁所得"（财税〔2008〕24 号第二条）。

"减免税额"：分类所得所有所得项目有符合规定的减免情形，均可填写。

（3）财产转让所得申报表（如图 8-4）。

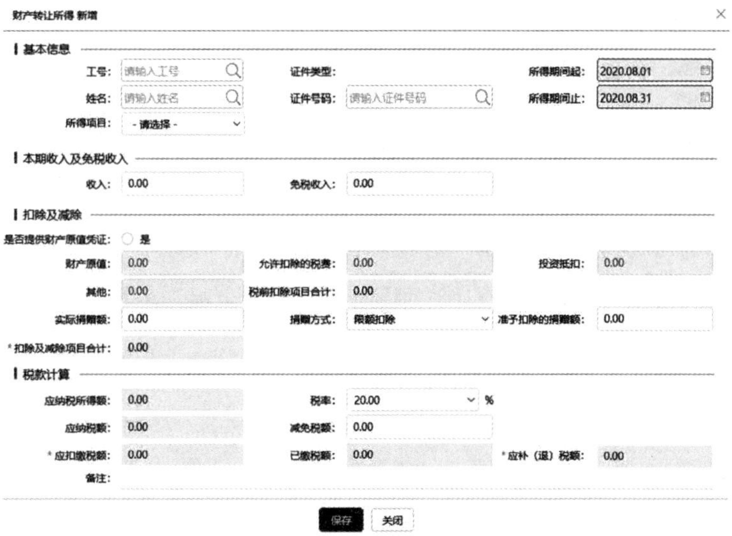

图 8-4 财产转让所得申报表

119

"所得项目"：包含财产拍卖所得及回流文物拍卖所得、股权转让所得及其他财产转让所得。

"扣除及减除"：该模块下内容根据选择的所得项目而有所区别。

"收入"：当所得项目为"股权转让所得"时，允许零申报。

"是否提供财产原值凭证"：当所得项目选择"财产拍卖所得及回流文物拍卖所得"时，"是否提供财产原值凭证"选择为"否"，则以收入减除准予扣除的捐赠后的余额为应纳税所得额，可选税率2%和3%；选择为"是"，则以收入减除财产原值、允许扣除的税费和准予扣除的捐赠额等后的余额为应纳税所得额，税率是20%。

"投资抵扣"：只有所得项目选择为"股权转让所得"时，该栏次可填写。

(4) 偶然所得申报表（如图8-5）

图 8-5 偶然所得申报表

"所得项目"：包含"省级、部级、军级奖金""外国组织和国际组织奖金""见义勇为奖金""举报、协查违法犯罪奖金""社会福利募捐奖金、体彩奖金""有奖发票奖金""随机赠送礼品""其他偶然所得"。

(5) 注意事项。

第一，分类所得申报的所有所得项目，支持同一个纳税人同一个人所得税款所属期填写多条申报数据（包括非居民所得申报表）。

第二，若需汇总申报利息、股息、红利所得和偶然所得，要先在税务大厅的"扣缴汇总申报设置"模块按所得项目开通汇总申报。

第三，自2020年起，偶然所得新增"随机赠送礼品"所得项目。获奖人数较多且未获取纳税人真实的基础信息时，扣缴义务人可暂采用汇总申报方式，注明"随机赠送礼品汇总申报"，但礼品发放的相关材料需要依法留存备查（该所得项目2020年前税款所属期不可用）。

2. 附表填写

与综合所得相比，分类所得中增加了《个人股东股权转让信息表》，用于填写了股权转让所得的非居民进行明细信息补充。

"股权转让个人所得税申报类型"：根据股权转让个人所得税申报情况选择。

（1）被投资企业信息。

"被投资企业注册资本（投资额）"：填写被投资企业注册资本或者投资额金额。

"转让时企业账面净资产金额""实收资本""资本公积""盈余公积""未分配利润""其他"：填写个人股东股权转让时，被投资企业的账面净资产金额，以及其中包含的实收资本、资本公积、盈余公积、未分配利润金额、其他综合收益等。

"拥有规定资产的企业转让时净资产公允价值"：填写个人股东拥有规定资产的被投资企业转让时，净资产的公允价值金额。

（2）股权出让方/受让方信息。

"转让合同编号"：填写股权转让合同编号。

"转让股权占企业总股份比重（%）"：填写股权转让前，出让方所持股权占企业总股权比例。

3. 申报表报送

申报表报送用于完成一般分类所得代扣代缴的正常申报、更正申报以及作废申报操作。

点击"3 申报表报送"进入"申报表报送"界面（如图8-6），系统自动生成待申报清单。

若申报表通过系统申报数据校验，则"是否可申报"显示为是；若申报表数据校验不通过，则"是否可申报"显示为否，该界面下方提示区显示具体错误提示信息。只有填写的所有申报表"是否可申报"均为是时，才允许点击"发送申报"。

图 8-6 申报表报送界面

申报成功后，当前所得月份未缴款或无需缴款时发现申报数据有误，可点击"作废申报"，对已申报的数据进行作废处理；或点击"更正申报"，对申报成功的申报表数据进行修改后重新申报；若当前所得月份已缴款，则只可使用"更正申报"功能修改已申报数据，重新申报（具体讲解见分类申报的作废和更正章节）。

需注意：只有在法定申报期才可点击进入"申报表报送"界面。如2019年1月税款所属期报表需在2019年2月才可点击操作。

（三）限售股转让所得的申报范围

限售股申报范围包括六类：

（1）财税〔2009〕167号文件规定的限售股；

（2）个人从机构或其他个人受让的未解禁限售股；

（3）个人因依法继承或家庭财产依法分割取得的限售股；

（4）个人持有的从代办股份转让系统转到主板市场（或中小板、创业板市场）的限售股；

（5）上市公司吸收合并中，个人持有的原被合并方公司限售股所转换的合并方公司股份；

（6）上市公司分立中，个人持有的被分立方公司限售股所转换的分立后公司股份。

（四）限售股转让所得缴纳方法

按照八类交易方式分别缴纳：
（1）个人通过证券交易所集中交易系统或大宗交易系统转让限售股；
（2）个人用限售股认购或申购交易型开放式指数基金（ETF）份额；
（3）个人用限售股接受要约收购；
（4）个人行使现金选择权将限售股转让给提供现金选择权的第三方；
（5）个人协议转让限售股；
（6）个人持有的限售股被司法扣划；
（7）个人因依法继承或家庭财产分割让渡限售股所有权；
（8）个人用限售股偿还上市公司股权分置改革中由大股东代其向流通股股东支付的对价。

纳税人发生上述第（1）～（4）项情形的，对其应纳个人所得税按照财税〔2009〕167号文件规定，采取证券机构预扣预缴、纳税人自行申报清算和证券机构直接扣缴相结合的方式征收。

（五）限售股所得申报的操作流程

扣缴义务人登录自然人电子税务局扣缴客户端，在首页功能菜单点击"限售股所得申报"，进入"限售股转让所得申报"页面（如图8-7）。页面上方为申报主流程导航栏，根据"1 收入及减除填写"和"2 申报表报送"两步流程完成限售股所得代扣代缴申报。

图8-7 "限售股转让所得申报"页面

具体填写流程如下：

1. 收入及减除填写

点击"添加"进入"限售股转让所得新增"界面，进行单个数据录入。或者点击"导入"—"模板下载"下载标准模板，录入数据后，点击"导入数据"—"标准模板导入"选择模板文件批量导入数据。

"证券账户号"：据实录入证券账户号码。

"股票代码"：录入转让的限售股股票代码。

"股票名称"：录入转让的限售股股票名称。

"限售股原值"：指限售股买入时的买入价及按照规定缴纳的有关税费。

"合理税费"：指转让限售股过程中发生的印花税、佣金、过户费等与交易相关的税费。

"小计"：等于限售股原值与合理税费的合计数，若限售股原值与合理税费未填写时，默认为转让收入的15%部分。

2. 申报表报送

申报表填写完成后，点击"2申报表报送"进入报表申报界面。

该界面可完成限售股转让所得申报的正常申报、更正申报以及作废申报操作。

当月发送第一次申报时，进入"申报表报送"界面，默认申报类型为"正常申报"，申报状态为"未申报"，显示"发送申报"。

申报成功后，当前所得月份未缴款或无需缴款时发现申报数据有误，可点击"作废申报"，对已申报的数据进行作废处理；或点击"更正申报"对申报成功的申报表数据进行修改后重新申报；若当前所得月份已缴款，则只可使用更正申报功能修改已申报数据重新申报。

三、取得应税所得，扣缴义务人未扣缴税款的纳税申报

（一）当扣缴义务人未扣缴税款时应当怎样操作？

如果扣缴义务人在支付综合所得时没有履行代扣代缴义务，实际纳税人应当在年度汇算申报时自行补充申报。需要注意的是：在查询收入纳税明细或办理综合所得年度汇算时，若发现支付单位平时预扣预缴申报的收入、扣除或者缴税信息与个人实际情况有出入，请与扣缴义务人联系核实相关情况。如果确实为扣缴义务人申报错误，由其办理更正申报后再办理年度汇算。

(二) 综合所得个人所得税的申报更正

《自然人电子税务局（扣缴端）用户操作手册》显示：综合所得个人所得税预扣预缴申报成功之后，发现有错报、漏报的情况，可使用申报更正功能，修改已申报数据后重新申报。

1. 启动更正

（1）扣缴义务人登录自然人电子税务局扣缴客户端，选择需要更正的"税款所属月份"。

（2）点击"综合所得申报"，进入综合所得申报界面，点击"4 申报表报送"查看当前月份申报状态（如图 8-8）。只有申报类型为"正常申报"，申报状态为"申报成功"的情况下才允许启动更正申报。

图 8-8 综合所得申报界面

（3）点击"更正申报"按钮，启动更正申报，系统提示往期错误更正申报成功后，需要对后续税款所属期的综合所得预扣预缴申报表进行逐月更正。

启动往期更正（后面税款所属期存在申报成功记录）时，系统会自动导出一份当前有效的申报记录供纳税人留存备用并提示保存路径（默认为桌面），每次导出的备份文件可根据时间进行区分。如果需要取消或启用本功能，可以在"系统设置"—"申报管理"—"更正申报备份"中设置。但因取消而导致无法找回原始记录的，扣缴单位需自行承担后果。

2. 报表填写

需要更正的人员应双击相应数据进入编辑界面修正错误数据（累计专项附加扣除额不允许修改，如需修改，需前往办税服务厅）。需要删除的人员应勾选相应数据后删除。

注意：如果该期申报表的本期收入、本期扣除等本期数据不存在错误，仅因为之前的税款所属期进行了更正申报而需要逐月更正，则可直接跳到"2 税款计算"步骤。

3. 税款计算

完成申报表本期数据的更正后，点击"2 税款计算"，重新计算更正后的应补（退）税额。

4. 附表填写

"1 收入及减除填写"中如果填写了"减免税额""商业健康保险"或"税延养老保险"，需要在"3 附表填写"中完善附表信息。

5. 申报表报送和税款缴纳

报表填写完成后，可按照正常申报流程通过"4 申报表报送"功能报送。报送成功后，如果有新的应征信息产生，可通过"税款缴纳"菜单完成税款缴纳。若报送时提示报送不成功，应按提示信息修改后重新报送或到办税服务厅处理。

6. 撤销更正

如果在报送申报表之前发现原申报数据无误，可点击"撤销更正"按钮，撤销更正申报。成功报送申报表后无法撤销更正。如需要使用原申报数据，可查看系统自动导出备份的原申报记录。

（三）办理更正申报的注意事项

（1）自 2020 年 7 月 1 日零时起，系统不再支持税款所属期为 2019 年 1 月至 7 月（四川省为 2019 年 1 月至 2019 年 5 月）的预扣预缴更正。

（2）在办税服务厅更正后，扣缴端原有申报数据不会更新，请在"系统设置"—"申报管理"—"综合所得算税"中设定为"在线算税"，以保障以后月份申报时的累计数据能按更正申报后的最新数据计算。

（3）更正申报往期月份时，后期月份应该逐月更正。如未逐月更正，将导致以后月份申报时不能获取正确累计数据。

（4）更正申报往期月份时，不支持新增人员和修改累计专项附加扣除金额，如需新增或修改，需前往办税服务厅办理。

（5）若更正申报后需要办理退（抵）税，由扣缴单位前往办税服务厅申请办理误收退（抵）税业务。

（6）若更正月份已在办税服务厅更正过，或扣缴端没有历史申报数据，需前往办税服务厅更正。

（7）为避免因错误更正而导致原始记录丢失，每次启动更正时，系统会自动导出一份当前有效的申报记录指定路径（默认为桌面），供扣缴单位留存备用。每次导出的备份文件可根据时间进行区分。

四、取得境外所得的纳税申报

取得境外所得的，暂时无法通过网络方式办理申报，需要前往办税服务厅使用《个人所得税年度自行纳税申报表（B表）》（如图 8－9）办理申报。该表适用于居民个人纳税年度内取得境外所得，按照税法规定办理取得境外所得个人所得税自行申报。

税款所属期： 年 月 日至 年 月 日

纳税人姓名：

纳税人识别号：□□□□□□□□□□□□□□□□□□□□□□-□□ 金额单位：人民币元（列至角分）

<table>
<tr><td colspan="6">基本情况</td></tr>
<tr><td>手机号码</td><td></td><td>电子邮箱</td><td></td><td>邮政编码</td><td>□□□□□□□</td></tr>
<tr><td>联系地址</td><td colspan="5">____省（区、市）____市____区（县）________街道（乡、镇）________</td></tr>
<tr><td colspan="6">纳税地点（单选）</td></tr>
<tr><td colspan="3">1.有任职受雇单位的，需选本项并填写"任职受雇单位信息"：</td><td colspan="3">□任职受雇单位所在地</td></tr>
<tr><td rowspan="2">任职受雇单位信息</td><td>名称</td><td colspan="4"></td></tr>
<tr><td>纳税人识别号</td><td colspan="4"></td></tr>
<tr><td colspan="3">2.没有任职受雇单位的，可以从本栏次选择一地：</td><td colspan="3">□户籍所在地 □ 经常居住地</td></tr>
<tr><td colspan="2">户籍所在地/经常居住地</td><td colspan="4">____省（区、市）____市____区（县）____街道（乡、镇）________</td></tr>
<tr><td colspan="6">申报类型（单选）</td></tr>
<tr><td colspan="3">□首次申报</td><td colspan="3">□ 更正申报</td></tr>
<tr><td colspan="6">综合所得个人所得税计算</td></tr>
<tr><td colspan="4">项目</td><td>行次</td><td>金额</td></tr>
<tr><td colspan="4">一、境内收入合计（第1行=第2行+第3行+第4行+第5行）</td><td>1</td><td></td></tr>
<tr><td colspan="4">（一）工资、薪金</td><td>2</td><td></td></tr>
<tr><td colspan="4">（二）劳务报酬</td><td>3</td><td></td></tr>
<tr><td colspan="4">（三）稿酬</td><td>4</td><td></td></tr>
<tr><td colspan="4">（四）特许权使用费</td><td>5</td><td></td></tr>
<tr><td colspan="4">二、境外收入合计（附报《境外所得个人所得税抵免明细表》）
（第6行=第7行+第8行+第9行+第10行）</td><td>6</td><td></td></tr>
</table>

图 8－9 个人所得税年度自行纳税申报表

申报该表时应当一并附报《境外所得个人所得税抵免明细表》（如图 8－

10)。考虑到居民个人可能在一个纳税年度中从境外取得多项所得,取得后即申报不仅增加了纳税人的申报负担,纳税人也难以及时从境外税务机关取得有关纳税凭证,因此按照个人所得税法规定,取得境外所得的居民个人应在取得所得的次年3月1日至6月30日申报并办理抵免。

税款所属期： 　年　月　日至　年　月　日

纳税人姓名：

纳税人识别号：□□□□□□□□□□□□□□□□□□-□□　　　金额单位：人民币元（列至角分）

本期境外所得抵免限额计算							
列次			A	B	C	D	E
项目		行次	金额				
国家（地区）		1	境内	境外			合计
一、综合所得	（一）收入	2					
	其中：工资、薪金	3					
	劳务报酬	4					
	稿酬	5					
	特许权使用费	6					
	（二）费用	7					
	（三）收入额	8					
	（四）应纳税额	9	—				
	（五）减免税额	10	—	—	—	—	
	（六）抵免限额	11	—				

图8-10　境外所得个人所得税抵免明细表

五、因移居境外注销中国户籍的纳税申报

（一）需要进行移民清算的情形

国家税务总局公告2018年第62号《关于个人所得税自行纳税申报有关问题的公告》第五条规定：纳税人因移居境外注销中国户籍的，应当在申请注销中国户籍前，向户籍所在地主管税务机关办理纳税申报，进行税款清算。

（二）纳税人在注销户籍年度取得综合所得的如何进行移民清算？

纳税人在注销户籍年度取得综合所得的，应当在注销户籍前办理当年综合所得的汇算清缴，并报送《个人所得税年度自行纳税申报表》。尚未办理上一

年度综合所得汇算清缴的,应当在办理注销户籍纳税申报时一并办理。

(三)纳税人在注销户籍年度取得经营所得的如何进行移民清算?

纳税人在注销户籍年度取得经营所得的,应当在注销户籍前办理当年经营所得的汇算清缴,并报送《个人所得税经营所得纳税申报表(B表)》。从两处以上取得经营所得的,还应当一并报送《个人所得税经营所得纳税申报表(C表)》。尚未办理上一年度经营所得汇算清缴的,应当在办理注销户籍纳税申报时一并办理。

(四)纳税人在注销户籍年度取得其他所得的如何进行移民清算?

纳税人在注销户籍当年取得利息、股息、红利所得,财产租赁所得,财产转让所得和偶然所得的,应当在注销户籍前申报当年上述所得的完税情况,并报送《个人所得税自行纳税申报表(A表)》。

(五)纳税人有未缴或者少缴税款的如何进行移民清算?

纳税人有未缴或者少缴税款的,应当在注销户籍前结清欠缴或未缴的税款。纳税人存在分期缴税且未缴纳完毕的,应当在注销户籍前结清尚未缴纳的税款。

(六)纳税人进行移民清算的注意事项

纳税人办理注销户籍纳税申报时,需要办理专项附加扣除、依法确定的其他扣除的,应向税务机关报送《个人所得税专项附加扣除信息表》《商业健康保险税前扣除情况明细表》《个人税收递延型商业养老保险税前扣除情况明细表》等。

六、非居民个人在中国境内两处以上取得工资、薪金所得的纳税申报

(一)非居民个人的界定

非居民个人是指在中国境内无住所又不居住,或者无住所而一个纳税年度

内在中国境内居住累计不满183天的个人。非居民个人从中国境内取得的所得，依照《中华人民共和国个人所得税法》规定缴纳个人所得税。纳税年度自公历1月1日起至12月31日止。

（二）非居民个人的个人所得税应缴纳税额计算

非居民个人的工资、薪金所得，以每月收入额减除费用5000元后的余额为应纳税所得额；劳务报酬所得、稿酬所得、特许权使用费所得，以每次收入额为应纳税所得额。其中，劳务报酬所得、稿酬所得、特许权使用费所得以收入减除20%的费用后的余额为收入额。稿酬所得的收入额减按70%计算。

上述四项所得的应纳税额＝应纳税所得额×税率－速算扣除数（见表8－1）。

表8－1 个人所得税税率表三
（非居民个人工资、薪金所得，劳务报酬所得，稿酬所得，特许权使用费所得适用）

级数	应纳税所得额	税率（%）	速算扣除数
1	不超过3000元的	3	0
2	超过3000元至12000元的部分	10	210
3	超过12000元至25000元的部分	20	1410
4	超过25000元至35000元的部分	25	2660
5	超过35000元至55000元的部分	30	4410
6	超过55000元至80000元的部分	35	7160
7	超过80000元的部分	45	15160

（三）非居民个人两处以上取得工资、薪金所得如何申报？

非居民个人在中国境内从两处以上取得工资、薪金所得的，应当在取得所得的次月15日内向其中一处任职、受雇单位所在地主管税务机关办理纳税申报，并报送《个人所得税自行纳税申报表（A表）》。

（四）非居民个人如何自行纳税申报？

非居民个人取得工资、薪金所得，劳务报酬所得，稿酬所得，特许权使用费所得的，应当在取得所得的次年6月30日前向扣缴义务人所在地主管税务机关办理纳税申报，并报送《个人所得税自行纳税申报表（A表）》。有两个以上扣缴义务人均未扣缴税款的，应选择向其中一处扣缴义务人所在地主管税务机关办理纳税申报。

非居民个人在次年 6 月 30 日前离境（临时离境除外）的，应当在离境前办理纳税申报。

第二节　境外所得处理

本节主要针对纳税人取得境外所得的情况进行详细的阐述，对境外所得的收入类别内容、当期境内和境外所得应纳税额计算方式、抵免限额的计及其特殊情况甄别、税收饶让情况解析等多个方面进行了详细的介绍与解读，并通过马克的案例来帮助纳税人对政策进行深入理解和运用。

一、境外所得包含的内容

个人如果取得以下类别收入，就属于境外所得：

（1）因任职、受雇、履行合约等在中国境外提供劳务取得的所得。比如张先生被单位派遣至德国工作 2 年，在德国工作期间取得的工资、薪金。

（2）中国境外企业以及其他组织支付且负担的稿酬所得。比如李先生在英国某权威期刊上发表学术论文，该期刊支付给李先生的稿酬。

（3）许可各种特许权在中国境外使用而取得的所得。比如赵先生持有某项专利技术，允许自己的专利权在加拿大使用而取得的特许权使用费。

（4）在中国境外从事生产、经营活动而取得的与生产、经营活动相关的所得。比如周女士在美国从事经营活动取得的经营所得。

（5）从中国境外企业、其他组织以及非居民个人取得的利息、股息、红利所得。比如宋先生持有马来西亚某企业股份，从该企业取得的股息、红利。

（6）将财产出租给承租人在中国境外使用而取得的所得。比如杨先生将其汽车出租给另一人在新加坡使用而取得的租金。

（7）转让位于中国境外的不动产，转让对中国境外企业以及其他组织投资形成的股票、股权以及其他权益性资产或者在中国境外转让其他财产取得的所得。比如郑先生转让其持有的荷兰企业股权取得的财产转让收入。

（8）中国境外企业、其他组织以及非居民个人支付且负担的偶然所得。比

如韩女士在美国买彩票中奖取得的奖金。

(9) 财政部、税务总局规定的其他收入。

需说明的是,对于个人转让中国境外企业、其他组织的股票、股权以及其他性质的权益性资产(以下简称权益性资产)的情形,如果该权益性资产在被转让前的连续 36 个公历月内的任一时间点,被投资企业或其他组织的资产公允价值 50% 以上直接或间接来自位于中国境内的不动产,那么转让该权益性资产取得的所得为来源于中国境内的所得。从国际上看,对此类情形按照境内所得征税属于国际通行惯例,我国对外签订的税收协定、OECD 税收协定范本和联合国税收协定范本均对此有所规定。

二、如何计算当期境内和境外所得应纳税额?

(一) 计算公式

年度综合所得应纳税额=(年度工资薪金收入额+年度劳务报酬收入额+年度稿酬收入额+年度特许权使用费收入额-减除费用-专项扣除-专项附加扣除-依法确定的其他扣除-捐赠)×适用税率-速算扣除数

(二) 计算规则

一是居民个人来源于中国境外的综合所得(包括工资、薪金所得,劳务报酬所得,稿酬所得,特许权使用费所得),应当与境内综合所得合并计算应纳税额。在计算应纳税额时,可依法享受个人所得税优惠政策。

二是居民个人来源于中国境外的经营所得,应当与境内经营所得合并计算应纳税额。居民个人来源于境外的经营所得,按照个人所得税法及其实施条例有关规定计算出的亏损不得抵减经营所得的盈利,这与境内经营所得的计算规则是一致的。

三是居民个人来源于中国境外的利息、股息、红利所得,财产租赁所得,财产转让所得和偶然所得不与境内所得合并,应当分别单独计算应纳税额。

(三) 注意事项

关于外籍个人有关津补贴的政策:2019 年 1 月 1 日至 2021 年 12 月 31 日期间,外籍个人符合居民个人条件的,可以选择享受个人所得税专项附加扣除,也可以选择按照相关规定,享受住房补贴、语言训练费、子女教育费等津补贴免税优惠政策，但专项附加扣除与津补贴免税政策不能同时享受。一经选择，在一个纳税年度内不得变更。自 2022 年 1 月 1 日起，外籍个人不再享受住房补贴、语言训练费、子女教育费津补贴免税优惠政策，应按规定享受专项附加扣除。

三、已在境外缴纳的个人所得税税额

居民个人从中国境外取得的所得，可以从其应纳税额中抵免已在境外缴纳的个人所得税税额，但抵免额不得超过该纳税人境外所得依照个人所得税法规定计算的应纳税额。已在境外缴纳的个人所得税税额是指居个人来源于中国境外的所得，依照该所得来源国家（地区）的法律应当缴纳并且实际已经缴纳的所得税税额。

四、抵免限额的计算

我国居民个人境外所得应纳税额应按中国国内税法的相关规定计算，在计算抵免限额时采取"分国不分项"原则，具体分为以下三步：

第一步，将居民个人一个年度内取得的全部境内、境外所得，按照综合所得、经营所得、其他分类所得所对应的计税方法分别计算出该类所得的应纳税额。

第二步，计算来源于境外一国（地区）某类所得的抵免限额，如根据来源于 A 国的境外所得种类和金额，按照以下方式计算其抵免限额：

（1）对于综合所得，按照居民个人来源于 A 国的综合所得收入额占其全部境内、境外综合所得收入额中的占比计算来源于 A 国综合所得的抵免限额。其中，在按照《关于境外所得有关个人所得税政策的公告》（财政部税务总局公告 2020 年第 3 号，以下简称 3 号公告）第三条第（一）项公式计算综合所得应纳税额时，对于纳税人取得全年一次性奖金、股权激励等依法单独计税的所得的，先按照税法规定单独计算出该笔所得的应纳税额，再与需合并计税的综合所得依法计算出的应纳税额相加，得出境内和境外综合所得应纳税额。

（2）对于经营所得，先将居民个人来源于 A 国的经营所得依照 3 号公告第二条规定计算出应纳税所得额，再根据该经营所得的应纳税所得额占其全部境内、境外经营所得的占比计算来源于 A 国经营所得的抵免限额。

（3）对于利息、股息、红利所得，财产租赁所得，财产转让所得和偶然所

得等其他分类所得，按照来源于 A 国的各项其他分类所得单独计算出的应纳税额，加总后作为来源于 A 国的其他分类所得的抵免限额。

第三步，上述来源于境外一国（地区）各项所得的抵免限额之和就是来源于一国（地区）所得的抵免限额。

五、居民个人在境外缴纳的税款是否都可以抵免？

个人所得税法之所以规定居民个人在境外缴纳的所得税税款可以抵免，主要是为了解决重复征税问题，因此除国际通行的税收饶让等特殊情况外，允许居民个人在境外应当缴纳且已经实际缴纳的税款进行抵免。

根据国际通行惯例，居民个人税收抵免的主要原则为：

一是居民个人缴纳的税款属于依照境外国家（地区）税收法律规定应当缴纳的税款；

二是居民个人缴纳的属于个人应缴纳的所得税性质的税款，不拘泥于名称，这主要是因为在不同的国家对于个人所得税的称呼有所不同，比如荷兰对工资、薪金单独征收"工薪税"；

三是限于居民个人在境外已实际缴纳的税款。

同时，为保护我国的正当税收利益，在借鉴国际惯例的基础上，以下情形属于不能抵免范围：

一是属于错缴或错征的境外所得税税额；

二是按照我国政府签订的避免双重征税协定以及内地与香港、澳门签订的避免双重征税安排规定而不应征收的境外所得税税额；

三是因少缴或迟缴境外所得税而追加的利息、滞纳金或罚款；

四是境外所得税纳税人或者其利害关系人从境外征税主体得到实际返还或补偿的境外所得税税款；

五是按照中国税法规定免税的境外所得负担的境外所得税税款。

六、在某国缴纳的个人所得税税款高于计算出的抵免限额，没抵免的部分怎么办？

对于居民个人因取得境外所得而在境外实际缴纳的所得税款，应按照取得所得的年度区分国家（地区）在抵免限额内据实抵免，超过抵免限额的部分可在以后连续 5 年内继续从在该国所得的应纳税额中抵免。

七、居民个人在计算境外所得税额抵免中是否适用税收饶让规定？

我国与部分国家（地区）签订的税收协定有税收饶让抵免规定，根据国际通行惯例，3 号公告明确居民个人从与我国签订税收协定的国家取得所得，并按该国税收法律享受了免税或减税待遇的，如果该所得已享受的免税或减税数额按照税收协定规定应视同已缴税额在我国应纳税额中抵免，则居民个人可按照视同已缴税额按规定享受税收抵免。

八、境外所得计算案例

马克 2019 年度全年居住在中国，从中国境内取得工资、薪金收入 30 万元，取得来源于 B 国的工资、薪金收入折合成人民币 20 万元，马克该年度内无其他应税所得。

假定其可以扣除的基本减除费用为 6 万元，可以扣除的专项扣除为 3 万元，可以扣除的专项附加扣除为 4 万元。马克就其从 B 国取得的工资、薪金收入在 B 国缴纳的个人所得税为 6 万元。假定不考虑其国内工资、薪金的预扣预缴情况和税收协定因素。

（1）马克 2019 年度全部境内、境外综合所得应纳税所得额为：

300000＋200000－60000－30000－40000＝370000（元）

（2）马克 2019 年度按照国内税法规定计算的境内、境外综合所得应纳税额为：

370000×25％－31920＝60580（元）

（3）马克可以抵免的 B 国税款的抵免限额为：

60580×［200000/(300000＋200000)］＝24232（元）

由于马克在 B 国实际缴纳个人所得税款为 60000 元，大于可以抵免的境外所得抵免限额 24232 元。因此马克在 2019 年综合所得年度汇算时仅可抵免 24232 元，尚未抵免的 35768 元可在接下来的 5 年内在申报从 B 国取得的境外所得时结转补扣。

第三节 退税处理

本节主要针对纳税人退税处理的情况进行详细解析。首先，举出多个方面的情形，让读者了解综合所得需要年度汇算申请退税的情境，并带领读者了解如何在个人所得税 APP 及网页端等网络上进行退税处理；其次拓展到扣缴义务人、其他单位或个人进行个人汇算清缴退税处理的方式，以及邮寄或办税服务厅进行退税处理的方式；最后贴心地对注意事项进行提醒。

一、综合所得需要年度汇算申请退税的情形

根据有关规定，纳税人只要年度内已预缴税额高于年度应纳税额，无论收入高低，无论退税额多少，纳税人都可以申请退税。常见情形如下：

情形一：年度综合所得年收入额不足 6 万元，但平时预缴过个人所得税的。

情形二：年度有符合条件的专项附加扣除，但预缴税款时没有申报扣除的。

情形三：因年中就业、退职或部分月份没有收入等原因，减除费用 6 万元、"三险一金"等专项扣除、子女教育等专项附加扣除、企业（职业）年金以及商业健康保险、税收递延型养老保险等扣除不充分的。

情形四：没有任职受雇单位，仅取得劳务报酬、稿酬、特许权使用费所得，需要通过年度汇算办理各种税前扣除的。

情形五：纳税人取得劳务报酬、稿酬、特许权使用费所得，年度中间适用的预扣率高于全年综合所得年适用税率的。

情形六：预缴税款时，未申报享受或者未足额享受综合所得税收优惠的，如残疾人减征个人所得税优惠等。

情形七：有符合条件的公益慈善捐赠支出，但预缴税款时未办理扣除的。

二、运用电子设备进行个人汇算清缴的退税操作

如果您通过手机个人所得税 APP 和自然人电子税务局网页端等网络方式

进行年度汇算申报，在完成申报时系统会自动询问您是否申请退税，只要您提供中国境内开设的符合条件的银行账户即可直接申请退税。

三、扣缴义务人、其他单位或个人代理进行个人汇算清缴的退税操作

如果您是由扣缴义务人、其他单位或个人代为办理年度汇算，可以由其在为您代为完成年度汇算申报后，一并为您申请退税。

四、邮寄或办税服务厅进行个人汇算清缴的退税操作

若邮寄或到办税服务厅申报，在填报申报表时勾选"申请退税"，并填写您中国境内开设的符合条件的银行账户信息。

五、温馨提示：关于退税处理需要注意的问题（见表8-2）

表8-2 个人所得税退税处理中应当注意的问题

问	答
年度汇算退税是否必须用本人账户？	为了保障您的资金安全，您需要使用本人账户办理退税。
什么是符合条件的银行账户？	符合条件的银行账户须具备以下条件： (1) 银行账户需为纳税人本人的银行开户。 (2) 为了避免退税不成功，建议您填报Ⅰ类账户，具体可以通过网上银行或直接向开户银行查询。 (3) 收到退税前，请保持银行账户状态正常。如果您的银行账户处于注销、挂失、未激活、收支有限额、冻结等状态，均可能影响您收到退税。
退税申请提交后能否看到业务办理状态？	可以。提交申请成功后，您可以通过手机个人所得税APP或者自然人电子税务局查看业务办理状态。邮寄申报、大厅申报的，也可通过上述渠道查询。对审核不通过或者退库失败的，系统还会提示您原因或解决方法。
退税成功后是否有提示？	手机个人所得税APP或自然人电子税务局有提示。最终提示状态为"×年×月×日国库处理完成，请关注退税到账情况"。
退税进度显示"提交申请成功"是什么意思？	表示您的退税申请已经提交成功。

续表

问	答
退税进度显示"税务审核中"是什么意思？	此时税务机关正在对您的退税申请进行审核，请您耐心等待。
退税进度显示"税务审核不通过"，我该怎么办？	税务审核不通过的原因有多种，您需要对您的申报数据进行重新检查、确认。您可通过您原申报渠道查询没通过的原因。特定情况下税务机关也会与您联系，请您补充提供相关收入或者扣除的佐证资料。需要特别说明的是，税务机关不会在短信或者非官方软件中请您为了退税提供银行账户等信息，如有疑问，请及时与税务机关联系或者拨打12366纳税服务热线
退税进度中显示"国库处理中"是什么意思？	表示税务机关已经将您的退税申请提交国库部门，国库部门正在按规定处理。
退税进度显示"国库退库失败"，我该怎么办？	一般情况下，国库退库失败多与您填报的银行账户有关。请关注您申请退税的银行账户是否为本人账户，该账户是否处于注销、挂失、冻结、未激活、收支有限额等状态。如果遇到该种情况，需重新填报您本人符合条件的银行账户并提交退税申请。
我申请退税失败了该怎么办？	修正相应信息后，您可再次申请退税。
我可以放弃退税吗？	申请退税是您的权利，您可以放弃退税。
选择放弃退税后，可以再次申请退税吗？	可以。但您需在税收征管法规定的期限内重新申请退税，同时遵守税收征管法的相关规定。
什么情况下会导致退税审核不通过或者退税失败？	如果存在以下情形之一，可能导致退税审核不通过或者退税失败： (1) 您的身份信息不正确。 (2) 您提交的银行账户信息不正确或者无效，导致税款无法退还。 (3) 您的申报数据存在错误或者疑点。 (4) 税务机关审核时发现有需要向您进一步核实了解的情况，但您未提供联系方式或者提供的联系方式不正确，无法与您联系。 (5) 税务机关向您核实有关年度汇算申报信息，您尚未确认或说明。
我的税会退到哪里？	税务机关审核通过您的退税申请后，会将退税资料发送人民银行（国库），由其退还至您指定的本人在中国境内开设的符合条件的银行账户中。
我提交退税申请后可以进行作废申报吗？	在税务机关终审前可以进行作废申报。如果税务机关审核通过且已经提交国库部门，需在前次申报基础上办理更正申报。

续表

问	答
我提交退税申请后税务审核通过了,但又发现申报错误,怎么办?	税务机关审核通过已经提交国库部门的,不能进行作废申报,但可以在前次申报基础上办理更正申报。

如有疑问,可查看国家税务总局网站发布的《××年度个人所得税综合所得年度汇算办税指引》及《××年度个人所得税综合所得年度汇算常见问题》。

第四节 非居民个人和无住所居民个人相关政策

本节主要对非居民个人和无住所个人的相关政策进行介绍。对于非常容易弄混的"非居民个人""无住所个人"的概念进行初步辨析后,重点介绍如何确认无住所个人的所得来源地,计算工资、薪金所得收入额,计算其税款并缴纳,并结合国际税收的内容对无住所个人的税收协定及征管规定进行详尽介绍,让读者对无住所个人的个人所得税缴纳有清晰到位的理解。

一、什么是无住所居民个人和非居民个人?

根据税法规定,在中国境内无住所而一个纳税年度内在中国境内居住累计满183天的个人为无住所居民个人;在中国境内无住所又不居住,或者无住所而一个纳税年度内在中国境内居住累计不满183天的个人为非居民个人。以下统称无住所个人。

二、无住所个人所得来源地确定

(一)无住所个人工资、薪金所得

个人取得归属于中国境内(以下称境内)工作期间的工资、薪金所得为来源于境内的工资、薪金所得。境内工作期间按照个人在境内工作天数计算,包括其在境内的实际工作日以及境内工作期间在境内、境外享受的公休假、个人休假、接受培训的天数。在境内、境外单位同时担任职务或者仅在境外单位任职的个人,在境内停留的当天不足 24 小时的,按照半天计算境内工作天数。

无住所个人在境内、境外单位同时担任职务或者仅在境外单位任职且当期同时在境内、境外工作的,按照工资、薪金所属境内、境外工作天数占当期公历天数的比例计算确定来源于境内和境外工资、薪金所得的收入额。境外工作天数按照当期公历天数减去当期境内工作天数计算。

(二)无住所个人数月奖金以及股权激励所得

无住所个人在境内履职或者执行职务时收到的数月奖金或者股权激励所得,归属于境外工作期间的部分,为来源于境外的工资、薪金所得;无住所个人停止在境内履约或者执行职务离境后收到的数月奖金或者股权激励所得,属于境内工作期间的部分,为来源于境内的工资、薪金所得。具体计算方法为:数月奖金或者股权激励乘以数月奖金或者股权激励所属工作期间境内工作天数与所属工作期间公历天数之比。

无住所个人一个月内取得的境内外数月奖金或者股权激励包含归属于不同期间的多笔所得的,应当先分别按照规定计算不同归属期间来源于境内的所得,再加总计算当月来源于境内的数月奖金或者股权激励收入额。规定所称数月奖金是指一次取得归属于数月的奖金、年终加薪、分红等工资、薪金所得,不包括每月固定发放的奖金及一次性发放的数月工资。规定所称股权激励包括股票期权、股权期权、限制性股票、股票增值权、股权奖励以及其他因认购股票等有价证券而从雇主取得的折扣或者补贴。

(三)无住所个人担任董事、监事及高层管理人员取得报酬所得

对于担任境内居民企业的董事、监事及高层管理职务的个人(以下统称高管人员),无论是否在境内履行职务,取得由境内居民企业支付或者负担的董事费,监事费,工资、薪金或者其他类似报酬(以下统称高管人员报酬,包含数月奖金和股权激励)均属于来源于境内的所得。高层管理职务包括企业正、副(总)经理,各职能总师,总监及其他类似的公司管理层职务。

(四)无住所个人稿酬所得

由境内企业、事业单位、其他组织支付或者负担的稿酬所得,为来源于境内的所得。

三、无住所个人工资、薪金所得收入额计算

（一）无住所个人为居民个人时，其取得的当月工资、薪金所得收入额的计算

在一个纳税年度内，在境内累计居住满 183 天的无住所居民个人取得工资、薪金所得，当月工资、薪金收入额按照以下规定计算。

1. 无住所居民个人在境内居住累计满 183 天的年度连续不满 6 年的情形

在境内居住累计满 183 天的年度连续不满 6 年的无住所居民个人，符合实施条例第四条优惠条件的，其取得的全部工资、薪金所得，除归属于境外工作期间且由境外单位或者个人支付的工资、薪金所得部分外，均应计算缴纳个人所得税。工资、薪金所得收入额的计算公式如下：

$$当月工资、薪金收入额 = 当月境内外工资、薪金总额 \times \left(1 - \frac{当月境外支付工资、薪金数额}{当月境内外工资、薪金总额} \times \frac{当月工资、薪金所属工作期间境外工作天数}{当月工资、薪金所属工作期间公历天数}\right)$$

2. 无住所居民个人在境内居住累计满 183 天的年度连续满 6 年的情形

在境内居住累计满 183 天的年度连续满 6 年后，不符合实施条例第四条优惠条件的无住所居民个人，其从境内、境外取得的全部工资、薪金所得均应计算缴纳个人所得税。

（二）无住所个人为非居民个人时，其取得的当月工资、薪金所得收入额的计算

非居民个人取得的当月工资、薪金所得，通常可分别按照以下两种情形计算。

1. 非居民个人境内居住时间累计不超过 90 天的情形

在一个纳税年度内，在境内累计居住不超过 90 天的非居民个人，仅就归属于境内工作期间并由境内雇主支付或者负担的工资、薪金所得计算缴纳个人所得税。当月工资、薪金收入额的计算公式如下：

$$\text{当月工资、薪金收入额} = \text{当月境内外工资、薪金总额} \times \frac{\text{当月境内支付工资、薪金数额}}{\text{当月境内外工资、薪金总额}} \times \frac{\text{当月工资、薪金所属工作期间境内工作天数}}{\text{当月工资、薪金所属工作期间公历天数}}$$

规定所称境内雇主包括雇佣员工的境内单位和个人以及境外单位或者个人在境内的机构、场所。凡境内雇主采取核定征收所得税或者无营业收入未征收所得税的，无住所个人为其工作取得工资、薪金所得，不论是否在该境内雇主会计账簿中记载，均视为由该境内雇主支付或者负担。规定所称工资、薪金所属工作期间的公历天数，是指无住所个人取得工资、薪金所属工作期间按公历计算的天数。

上述所列公式中当月境内外工资、薪金包含归属于不同期间的多笔工资、薪金的，应当先分别按照本公告规定计算不同归属期间工资、薪金收入额，再加总计算当月工资、薪金收入额。

2. 非居民个人境内居住时间累计超过90天不满183天的情形

在一个纳税年度内，在境内累计居住超过90天但不满183天的非居民个人，取得归属于境内工作期间的工资、薪金所得，均应当计算缴纳个人所得税；其取得归属于境外工作期间的工资、薪金所得，不征收个人所得税。当月工资、薪金收入额的计算公式如下：

$$\text{当月工资、薪金收入额} = \text{当月境内外工资、薪金总额} \times \frac{\text{当月工资、薪金所属工作期间境内工作天数}}{\text{当月工资、薪金所属工作期间公历天数}}$$

四、无住所个人税款计算及缴纳

（一）无住所个人为居民个人时，税款的计算与缴纳

无住所居民个人取得综合所得，年度终了后，应按年计算个人所得税；有扣缴义务人的，由扣缴义务人按月或者按次预扣预缴税款；需要办理汇算清缴的，按照规定办理汇算清缴，年度综合所得应纳税额计算公式如下：

年度综合所得应纳税额＝（年度工资、薪金收入额＋年度劳务报酬收入额＋年度稿酬收入额＋年度特许权使用费收入额－减除费用－专项扣除－专项附加扣除－依法确定的其他扣除）×适用税率－速算扣除数

无住所居民个人为外籍个人的，2022年1月1日前计算工资、薪金收入

额时,已经按规定减除住房补贴、子女教育费、语言训练费等八项津补贴的,不能同时享受专项附加扣除。

年度工资、薪金,劳务报酬,稿酬,特许权使用费收入额分别按年度内每月工资、薪金以及每次劳务报酬、稿酬、特许权使用费收入额合计数额计算。

(二)无住所个人为非居民个人时,税款的计算与缴纳

(1)非居民个人当月取得工资、薪金所得,以按照上述规定计算的当月收入额,减去税法规定的减除费用后的余额为应纳税所得额,按照所附按月换算后的综合所得税率表(以下称月度税率表)计算应纳税额。

非居民个人在中国境内从两处以上取得工资、薪金所得的,应当在取得所得的次月15日内,向其中一处任职、受雇单位所在地主管税务机关办理纳税申报,并报送《个人所得税自行纳税申报表(A表)》(如表8-1)。

(2)非居民个人一个月内取得数月奖金,单独按照规定计算当月收入额,不与当月其他工资、薪金合并,按6个月分摊计税,不减除费用,适用月度税率表计算应纳税额,在一个公历年度内,对每一个非居民个人,该计税办法只允许适用一次。计算公式如下:

当月数月奖金应纳税额=〔(数月奖金收入额÷6)×适用税率-速算扣除数〕×6

(3)非居民个人一个月内取得股权激励所得,单独按照规定计算当月收入额,不与当月其他工资、薪金合并,按6个月分摊计税(一个公历年度内的股权激励所得应合并计算),不减除费用,适用月度税率表计算应纳税额,计算公式如下:

当月股权激励所得应纳税额=〔(本公历年度内股权激励所得合计额÷6)×适用税率-速算扣除数〕×6-本公历年度内股权激励所得已纳税额

(4)非居民个人取得来源于境内的劳务报酬所得、稿酬所得、特许权使用费所得,以每次收入额为应纳税所得额。其中,劳务报酬所得、稿酬所得、特许权使用费所得以收入减除20%的费用后的余额为收入额。稿酬所得的收入额减按70%计算,适用月度税率表计算应纳税额。

(5)非居民个人取得工资、薪金所得,劳务报酬所得,稿酬所得,特许权使用费所得的,应当在取得所得的次年6月30日前向扣缴义务人所在地主管税务机关办理纳税申报,并报送《个人所得税自行纳税申报表(A表)》。有两个以上扣缴义务人均未扣缴税款的,应选择向其中一处扣缴义务人所在地主管税务机关办理纳税申报。

非居民个人在次年 6 月 30 日前离境（临时离境除外）的，应当在离境前办理纳税申报。

五、无住所个人适用税收协定

（一）无住所个人可选择享受税收协定

按照我国政府签订的避免双重征税协定以及内地与香港、澳门签订的避免双重征税安排（以下称税收协定）居民条款规定为缔约对方税收居民的个人（以下称对方税收居民个人），可以按照税收协定及财政部、税务总局有关规定享受税收协定待遇，也可以选择不享受税收协定待遇计算纳税。除税收协定及财政部、税务总局另有规定外。

（二）构成对方税收居民个人的条件

构成对方税收居民个人的条件有两个：一是按照缔约对方的国内税收法律，由于住所、居所或者其他类似性质的标准，在该缔约国（或地区）负有全面纳税义务的人；二是同时是缔约国双方居民的个人，按照居民条款的加比规则判定仅为缔约对方居民。

"加比规则"指的是什么？由于各国法律差异，有可能出现一个自然人同时被两个国家认定为税收居民的情况。税收协定不希望这种情况发生，于是规定应用"加比规则"来确定此人究竟为哪一国税收居民。需要特别指出的是这些规则的使用是按降序排列的。也就是说只有在使用前一标准无法解决问题时，才使用后一标准。这些顺序排列的标准包括：

1. 永久性住所

永久性住所包括任何形式的住所，例如由个人租用的住宅或公寓、租用的房间等，但该住所必须具有永久性，即个人已安排长期居住，而不是为了某些原因（如旅游、商务考察等）临时逗留。

2. 重要利益中心

重要利益中心要参考个人家庭和社会关系、职业、政治、文化和其他活动、营业地点、管理财产所在地等因素综合评判。其中特别注重的是个人的行为，即个人一直居住、工作并且拥有家庭和财产的国家通常为其重要利益中心之所在。

3. 习惯性居处

在出现以下两种情况之一时，应采用习惯性居处的标准来判定个人居民身份的归属：一是个人在缔约国双方均有永久性住所且无法确定重要经济利益中心所在国；二是个人的永久性住所不在缔约国任何一方，比如该个人不断地穿梭于缔约国一方和另一方旅馆之间。第一种情况下，要注意其在双方永久性住所的停留时间，同时还应考虑其在同一个国家不同地点停留的时间；第二种情况下，要将此人在一个国家所有的停留时间加总考虑，而不问其停留的原因。

4. 国籍

如果该个人在缔约国双方都有或都没有习惯性居处，应以该个人的国籍作为判定居民身份的标准。

当采用上述标准依次判断仍然无法确定其身份时，可由缔约国双方主管当局按照协定第二十四条规定的程序通过相互协商解决。

如果某个公司或其他团体同时被缔约国双方认定为居民，应该按它的"实际管理机构"位置确定它是哪国居民。如果缔约双方因为判定实际管理机构的标准不同而不能达成一致意见，应通过相互协商解决。

（三）无住所个人适用受雇所得条款的执行

1. 无住所个人享受境外受雇所得协定待遇

境外受雇所得协定待遇，是指按照税收协定受雇所得条款规定，对方税收居民个人在境外从事受雇活动取得的受雇所得，可不缴纳个人所得税。

无住所个人为对方税收居民个人的，其取得的工资、薪金所得可享受境外受雇所得协定待遇的，可不缴纳个人所得税。

无住所居民个人为对方税收居民个人的，可在预扣预缴和汇算清缴时按前款规定享受协定待遇；非居民个人为对方税收居民个人的，可在取得所得时按前款规定享受协定待遇。

2. 无住所个人享受境内受雇所得协定待遇

境内受雇所得协定待遇，是指按照税收协定受雇所得条款规定，在税收协定规定的期间内境内停留天数不超过183天的对方税收居民个人，在境内从事受雇活动取得受雇所得，不是由境内居民雇主支付或者代其支付的，也不是由雇主在境内常设机构负担的，可不缴纳个人所得税。

无住所个人为对方税收居民个人的，其取得的工资、薪金所得可享受境内受雇所得协定待遇的，可不缴纳个人所得税。

无住所居民个人为对方税收居民个人的，可在预扣预缴和汇算清缴时按前款规定享受协定待遇；非居民个人为对方税收居民个人的，可在取得所得时按前款规定享受协定待遇。

（四）无住所个人适用独立个人劳务或者营业利润条款该如何执行呢？

独立个人劳务或者营业利润协定待遇，是指按照税收协定独立个人劳务或者营业利润条款规定，对方税收居民个人取得的独立个人劳务所得或者营业利润符合税收协定规定条件的，可不缴纳个人所得税。

无住所居民个人为对方税收居民个人的，其取得的劳务报酬所得、稿酬所得可享受独立个人劳务或者营业利润协定待遇的，在预扣预缴和汇算清缴时，可不缴纳个人所得税。

非居民个人为对方税收居民个人的，其取得的劳务报酬所得、稿酬所得可享受独立个人劳务或者营业利润协定待遇的，在取得所得时可不缴纳个人所得税。

（五）无住所个人适用特许权使用费或者技术服务费条款该如何执行呢？

特许权使用费或者技术服务费协定待遇，是指按照税收协定特许权使用费或者技术服务费条款规定，对方税收居民个人取得符合规定的特许权使用费或者技术服务费，可按照税收协定规定的计税所得额和征税比例计算纳税。

无住所居民个人为对方税收居民个人的，其取得的特许权使用费所得、稿酬所得或者劳务报酬所得可享受特许权使用费或者技术服务费协定待遇的，可不纳入综合所得，在取得当月按照税收协定规定的计税所得额和征税比例计算应纳税额，并预扣预缴税款。年度汇算清缴时，该个人取得的已享受特许权使用费或者技术服务费协定待遇的所得不纳入年度综合所得，单独按照税收协定规定的计税所得额和征税比例计算年度应纳税额及补退税额。

非居民个人为对方税收居民个人的，其取得的特许权使用费所得、稿酬所得或者劳务报酬所得可享受特许权使用费或者技术服务费协定待遇的，可按照税收协定规定的计税所得额和征税比例计算应纳税额。

六、无住所个人相关征管规定

（一）无住所个人预计境内居住时间的相关规定

无住所个人在一个纳税年度内首次申报时，应当根据合同约定等情况预计一个纳税年度内境内居住天数以及在税收协定规定的期间内境内停留天数，按照预计情况计算缴纳税款。实际情况与预计情况不符的，分别按照以下规定处理：

（1）无住所个人预先判定为非居民个人，因延长居住天数达到居民个人条件的，一个纳税年度内税款扣缴方法保持不变，年度终了后按照居民个人有关规定办理汇算清缴。但该个人在当年离境且预计年度内不再入境的，可以选择在离境之前办理汇算清缴。

（2）无住所个人预先判定为居民个人，因缩短居住天数不能达到居民个人条件的，在不能达到居民个人条件之日起至年度终了后15天内，应当向主管税务机关报告，按照非居民个人重新计算应纳税额，申报补缴税款，不加收税收滞纳金。需要退税的，按照规定办理。

（3）无住所个人预计一个纳税年度境内居住天数累计不超过90天，但实际累计居住天数超过90天的，或者对方税收居民个人预计在税收协定规定的期间内境内停留天数不超过183天，但实际停留天数超过183天的，待达到90天或者183天的月度终了后15天内，应当向主管税务机关报告，就以前月份工资、薪金所得重新计算应纳税款，并补缴税款，不加收税收滞纳金。

（二）无住所个人境内雇主如何报告境外关联方支付工资、薪金所得

无住所个人在境内任职、受雇取得来源于境内的工资、薪金所得，凡境内雇主与境外单位或者个人存在关联关系，将本应由境内雇主支付的工资、薪金所得，部分或者全部由境外关联方支付的，无住所个人可以自行申报缴纳税款，也可以委托境内雇主代为缴纳税款。无住所个人未委托境内雇主代为缴纳税款的，境内雇主应当在相关所得支付当月终了后15天内向主管税务机关报告相关信息，包括境内雇主与境外关联方对无住所个人的工作安排、境外支付情况以及无住所个人的联系方式等信息。

第五节　Web 端扣缴功能的操作指南

本节主要介绍自然人电子税务局 Web 端扣缴的实际操作。当读者对 Web 端扣缴功能和适用对象有初步了解后，本节将通过图文并茂的方式，一步步指导读者使用该功能配合税务机关完成扣缴申报、经营所得申报等工作。

一、什么是 Web 端扣缴功能？

自然人电子税务局 Web 端扣缴功能是立足于自然人电子税务局 Web 端，方便扣缴单位快捷办理扣缴申报等相关业务的一个新渠道。其主要包括人员信息采集、专项附加扣除信息采集、扣缴申报、经营所得申报、税款缴纳、查询统计等业务功能。

二、Web 端扣缴功能的适用对象

（1）Web 端扣缴功能目前主要适用于当期在职（未填写离职日期或者离职日期大于等于当前时间）员工人数 300 人（含）以下的单位。

（2）"任职受雇类型"为雇员、保险营销员、证券经纪人、实习学生（全日制学历教育）的人员。

（3）企业类型为个体工商户、个人独资企业、合伙企业三种类型之一的，可办理经营所得业务。

三、怎样使用 Web 端扣缴功能？

（1）可以通过浏览器搜索"自然人电子税务局"或输入网址 https://etax.chinatax.gov.cn 进入登录界面（如图 8-11），也可通过税务局网站首页"自然人电子税务局"模块进入。

图 8-11　自然人电子税务局登录界面

企业法人、财务负责人以及取得授权的人员实名注册个人所得税 APP 后，使用个人所得税 APP 扫码登录或者输入 APP 账号和密码登录，登录时会有短信验证码确认。

（2）Web 端扣缴办税授权可由单位法定代表人、财务负责人或有扣缴管理权限的人员通过本人个人所得税 APP 或自然人电子税务局 Web 端授权，也可前往办税服务厅对相关业务申请授权（扣缴管理权限或者扣缴办税权限）。

（3）温馨提示：建议使用 IE9 及以上版本、Chrome 或 360 浏览器等。

四、Web 端扣缴功能支持哪些事项的申报？

Web 端扣缴功能目前支持扣缴申报、经营所得申报等操作。其中，扣缴申报支持综合所得申报、分类所得申报、非居民所得申报，暂不支持限售股所得申报。经营所得支持查账征收和核定征收方式的申报，暂不支持定期定额征收方式申报。同时，Web 端暂不支持分期纳税和递延纳税等优惠事项备案功能，如需要使用相关功能，仍需使用自然人电子税务局扣缴客户端报送。

五、Web 端扣缴功能支持何种缴款方式？缴款记录在哪儿查询？

（一）税款缴纳方式

目前，Web 端扣缴功能支持三方协议支付、银行柜台支付（银行端查询缴税）、银联在线支付、扫码支付（仅适用于经营所得申报缴税）。

（二）申报缴款记录查询

扣缴申报的查询统计模块（图 8-12）支持单位申报记录查询（查询扣缴单位的扣缴申报记录）、个人扣缴明细查询（查询单个员工的扣缴申报明细数据）和缴款记录查询（支持打印扣缴申报的完税证明）功能。经营所得的查询统计模块支持"申报记录查询"和"缴税记录查询"功能。Web 端扣缴功能可查询使用所有渠道申报及缴税的记录，查询的是实时数据，不存在延迟。

图 8-12　扣缴申报的查询统计模块

六、Web 端扣缴业务有哪些其他注意事项？

（1）Web 端扣缴业务不支持对 2019 年及以前年度的扣缴申报表和专项附加扣除信息进行操作。

（2）针对存在异议申诉属实，但仍需为其办理扣缴申报的纳税人，扣缴单位需在人员信息采集中发起确认邀请，并通知纳税人在个人所得税 APP 或自然人电子税务局 Web 确认同意后方可办理。

（3）为多家单位办理扣缴申报的中介机构，在取得企业的扣缴业务办税授权后，可以在 Web 端切换单位分别办理扣缴业务。

（4）出于对敏感信息的保护，Web 端扣缴功能将"证件号码""银行卡号""纳税人识别号"和"手机号码"几项敏感数据设置为"脱敏数据项"，因此在操作页面展示时将上述类别数据的部分信息用"*"代替。如果要查看具体数据，需要点击"明文查看图标"，点击图标后，会弹出滑块验证界面，滑块验证通过后，在验证界面自动显示明文。

（5）出于数据安全方面的考虑，Web 端扣缴功能暂不支持导出功能。

（6）适用 Web 端扣缴功能的单位，可以同时使用 Web 端扣缴功能和扣缴客户端办理相关业务，二者互不冲突，但同一项业务不能两端同时或者重复办理。如扣缴单位在扣缴客户端已进行某月代扣代缴申报，那么在 Web 端扣缴功能就不能重复进行当月申报。

第六节　个人所得税申报情况、个人收入及纳税明细查询

本节通过图文并茂的方式一步步指导读者在个人所得税 APP 上查询个人所得税申报情况、个人收入及纳税明细，方便读者个人在日常生活中养成关注个人所得税缴纳情况的习惯，有助于提高税收遵从。

一、怎样查询个人所得税申报情况？

个人所得税 APP 上线了"扣缴申报温馨提示"功能，系统将通过个人所得税 APP（如图 8-13）或自然人电子税务局 Web 端向纳税人发送信息，提示当前的个人所得税申报情况。如有单位代为办理了综合所得预扣预缴申报，实际纳税人将会收到"扣缴申报温馨提示"，点击该消息就可以查看扣缴单位名称、扣缴申报日期及扣缴申报所属。

图 8-13　个人所得税 APP 进入界面和个人消息界面

二、怎样查询个人收入和纳税明细？

通过个人所得税 APP 的"收入纳税明细查询"功能查看信息。

（1）可以从首页的"收入纳税明细查询"（图 8-14）板块进入，也可以从服务的"收入纳税明细查询"板块进入。

（2）选择税款所属期：系统默认当前年度。

（3）选择所得类型：可点击"全部"进行所有综合所得项目的选择，也可以在"全选"的基础上去勾选部分所得项目，或在未全选的情况下勾选需要查询的所得项目。

（4）查看结果：点"查询"后可查看现在符合条件的收入明细数据。

图 8-14　个人所得税收入纳税明细查询界面

（5）结果小贴士。

如您对查询出来的收入纳税明细数据有疑问，请联系您的扣缴单位核实。如发现被冒用身份并申报收入，可点击页面右上角"批量申诉"，或点击"记录"进入收入纳税明细详情页面，点击右上角"申诉"，在申诉原因中选择申诉类型，并填写补充说明，勾选承诺内容后点击"提交"完成申诉申请。

第七节　个人所得税问题咨询平台介绍

个人所得税相关问题可在个人所得税 APP 通过以下方式进行查询、咨询。

一、搜索咨询

打开个人所得税 APP，进入主页的"热点问题"板块及"税收政策与解读"板块，通过搜索相关问题，即可在国家税务总局 12366 纳税服务平台中获得专业解答。

二、留言咨询

当您在使用个人所得税 APP 过程中遇到麻烦、无法在常见问题中搜到相关答案时，可按下列步骤在相关功能性入口提交问题咨询。

步骤一：打开个人所得税 APP；

步骤二：点击个人中心并登录个人账号；

步骤三：点击留言咨询；

步骤四：按要求输入自己的疑问，等待回复即可。

第九章　个人所得税网络资源获取渠道

"授人以鱼不如授人以渔",本章主要介绍个人所得税相关政策文件以及纳税服务的获取渠道(国家税务总局官网、中华人民共和国财政部官网、各地税务局官网、12366税务服务平台),并对相关网站的具体职能和操作流程进行了介绍。

第一节　国家税务总局官网

一、职能简介

国家税务总局为中华人民共和国国务院主管税收工作的直属机构,主要职责包括:具体起草税收法律法规草案及实施细则并提出税收政策建议,与财政部共同上报和下发、制定贯彻落实的措施;负责对税收法律法规执行过程中的征管和一般性税政问题进行解释,事后向财政部备案;承担组织实施税收及社会保险费、有关非税收入的征收管理责任,力争税费应收尽收;参与研究宏观经济政策、中央与地方的税权划分并提出完善分税制的建议,研究税负总水平并提出运用税收手段进行宏观调控的建议等。

二、操作流程

(1) 打开浏览器搜索引擎,搜索"国家税务总局官网",点击进入;或者直接输入网址(http://www.chinatax.gov.cn/)打开。

(2) 点击税收政策,在右侧搜索栏输入"个人所得税"(图9-1),点击检索，即可查询相关文件。如果需要更加精确的查询，可以在关键词一栏添加更多信息，如检索"个人所得税专项附加扣除"（图9-2），即可快速找到关于个人所得税专项附加扣除的政策文件。此外，还可以根据发文字号、发文日期等信息进行检索。

图9-1 国家税务总局官网

图9-2 国家税务总局税收政策搜索页

第二节 中华人民共和国财政部官网

一、职能简介

中华人民共和国财政部是中华人民共和国国务院负责财政事务的组成部门，贯彻落实党中央关于财经工作的方针政策和决策部署，在履行职责过程中坚持和加强党对财政工作的集中统一领导。其主要职责包括：拟订财税发展战略、规划、政策和改革方案并组织实施；分析预测宏观经济形势，参与制定宏观经济政策，提出运用财税政策实施宏观调控和综合平衡社会财力的建议；拟订中央与地方、国家与企业的分配政策，完善鼓励公益事业发展的财税政策等。

二、操作流程

（1）打开浏览器，搜索"中华人民共和国财政部官网"，点击进入；或者直接输入网址（http://www.mof.gov.cn/index.htm）打开（图9-3）。

图9-3 中华人民共和国财政部首页

（2）在搜索框输入"个人所得税"，点击搜索。搜索结果见图9-4。

图 9-4　中华人民共和国财政部税收政策搜索页

第三节　各地税务局官网

还可以在当地税务局的官网查询，下面以国家税务总局四川省税务局为例。

（1）在搜索引擎直接搜索当地税务局官网，点击进入（图 9-5）。

（2）在官网首页点击"政策文件"，在右侧政策法规库"标题"处输入"个人所得税"并点击"检索"，可获取政策文件以及纳税服务的相关内容（图 9-6）。

图 9-5　国家税务总局四川省税务局首页

图 9-6　国家税务总局四川省税务局政策文件

第四节　12366 纳税服务平台

一、功能简介

12366 纳税服务平台依托 12366 热线，以信息技术为支撑，集纳税咨询、税法宣传、办税服务、投诉受理、需求管理、纳税人满意度调查 6 项功能于一体，为纳税人提供"能问、能查、能看、能听、能约、能办"的"六能"型服务。

二、操作流程

打开搜索引擎，搜索"12366 纳税服务平台"，点击进入；或者直接输入网址（https://12366.chinatax.gov.cn/）进入。图 9-7 为 12366 纳税服务平台首页。

个税改革知多少

图9-7　12366纳税服务平台首页

或者直接在国家税务总局选择纳税服务板块进入。图9-8为国家税务总局纳税服务页面。

图9-8　国家税务总局纳税服务页面

选择"涉税查询"—"税法查询",点击进入。然后输入"个人所得税",点击查询即可。图9-9和图9-10为12366纳税服务平台涉税查询和税法查询页面。

第九章 个人所得税网络资源获取渠道

图 9-9　12366 纳税服务平台涉税查询页面

图 9-10　12366 纳税服务平台税法查询页面

还可以通过视频点播、在线点播，以视频的方式学习。

点击"视频点播"进入，在搜索框输入"个人所得税"，点击搜索，即可查询个人所得税相关视频教学。图 9-11 为 12366 纳税服务平台视频点播页面。

图 9-11　12366 纳税服务平台视频点播页面

161

个税改革知多少

点击"在线直播"进入，在搜索框输入"个人所得税"，点击搜索，即可查询个人所得税在线直播视频教学。图 9-12 为 12366 纳税服务平台在线直播页面。

图 9-12　12366 纳税服务平台在线直播页面

附录　术语表

第一章　中国个人所得税的历史发展

名词 1：税收制度

税收制度简称"税制"，有广义和狭义之分。广义的税收制度是国家的各种税收法规、税收管理体制、税收征收管理制度以及税务机关内部的管理制度的总称。狭义的税收制度是国家的各种税收法规和征收管理制度，包括各种税法条例、实施细则、征收管理办法和其他有关的税收规定等。

名词 2：税基

税基是纳税对象的计量标准（课税依据或计税依据），它是税法中规定的据以计算应缴税款的直接数量依据。计量单位分为价值形态和实物形态两大类。

名词 3：税源

税源是税款的最终来源，或者说税收负担的最终归宿。税源的大小体现纳税人的负担能力。

名词 4：税率

税率是应纳税额与计税依据之间的关系或比例，是计算应纳税额的尺度，体现课税的深度。

名词 5：比例税率

比例税率指对同一征税对象，不论金额大小，都按同一比例纳税。税额与纳税对象之间的比例是固定的。

名词 6：代扣代缴

代扣代缴是指按照税法规定，负有扣缴义务的法定义务人，负责对纳税人应纳税额进行代扣代缴的方式，即由支付人在向纳税人支付款项时，从所支付的款项中依照税法的规定直接扣收税款。

名词 7：纳税申报

《中华人民共和国税收征收管理法》第二十五条规定，纳税人必须依照法律、行政法规或者税务机关依照法律、行政法规的规定确定的申报期限、申报内容如实办理纳税申报，报送纳税申报表、财务会计报表以及税务机关根据实际需要要求纳税人报送的其他纳税资料。扣缴义务人必须依照法律、行政法规的规定或者税务机关依照法律、行政法规确定的申报期限、申报内容如实报送代扣代缴、代收代缴税款报告表以及税务机关根据实际需要要求扣缴义务人报送的其他有关资料。

名词 8：税目

税目是对纳税对象的分类，反映其征税范围，体现每个税种的征收广度。

名词 9：核定征收

为了保证税款足额征收，《中华人民共和国税收征收管理法》赋予税务机关税款核定权，即在某些情形下，税务机关有权按照规定的方法核定纳税人的应纳税额，并按核定数额征收。对纳税人实行核定征收方法的，应由纳税人所在地的直接征收机关负责上报，由县级及以上税务机关审核批准执行。

名词 10：直接税

直接税是指税负不能由纳税人转嫁出去，必须由自己负担的各税种，如所得税、财产税和社会保险税等。

名词 11：间接税

间接税是指税负可以由纳税人转嫁出去，由他人负担的各税种，如消费税和关税等。

第二章　新个人所得税法改革的必要性

名词 1：累退税率

累退税率为累进税率的对称，是指随征税对象数额或相对比例的增大而逐级降低税率的一种递减等级税率。累退税率不同于累进税率，其课税对象数额或相对比例越大，负担率越低；课税对象数额或相对比例越小，负担率越高。

名词 2：偷税

偷税是指纳税人伪造、变造、隐匿、擅自销毁账簿和记账凭证，或者在账簿上多列支出或者不列、少列收入，或者经税务机关通知申报而拒不申报或进行虚假的纳税申报，不缴或少缴应纳税款的行为。

名词3：漏税

漏税是指纳税人无意识地漏缴或者少缴税款的行为，是纳税人并非故意未缴或则少缴税款的行为。对漏税者税务机关应当令其期限照章补缴所漏税款；逾期未缴的，从漏税之日起，按日加收税款滞纳金。

名词4：税收征管

税收征管是税务管理的重要组成部分，是税务机关根据有关的税法的规定，对税收工作实施管理、征收、检查等活动的总称。

第三章　新个人所得税法改革的政策内涵

名词1：应纳税额

应纳税额是纳税人按照"应纳税所得额"的一定比例向国家应交的税款金额。计算公式：应纳税额=应纳税所得额×所得税率。

名词2：应纳税所得额

应纳税所得额是应纳税额的计税基础，即应纳税额是根据应纳税所得额计算得出的。

名词3：汇算清缴

汇算清缴是指所得税和某些其他实行预缴税款办法的税种，在年度终了后的税款汇总结算清缴工作。

名词4：累计预扣法

累计预扣法是指扣缴义务人在一个纳税年度内预扣预缴税款时，以纳税人在本单位截至当前月份的工资、薪金所得累计收入减除累计免税收入、累计减除费用、累计专项扣除、累计专项附加扣除和累计依法确定的其他扣除后的余额为累计预扣预缴应纳税所得额，适用个人所得税预扣率表，计算累计应预扣预缴税额，再减除累计减免税额和累计已预扣预缴税额，其余额为本期应预扣预缴税额。当余额为负值时，暂不退税。当纳税年度终了后余额仍为负值时，由纳税人通过办理综合所得年度汇算清缴，税款多退少补。

名词5：超额累进税率

超额累进税率把征税对象按数额大小划分为若干等级，从低到高对每个等级分别规定相应的税率，一定数额的征税对象按照对应等级，可以同时适用几个等级的税率，每超过一级，超过部分则按提高一级的税率计税，这样分别计

算税额，各等级应纳税额之和就是纳税人的应纳税额

名词6：税率级距

级距是指累进税率按课税对象数量划分等级的起点和止点的区间。级距小，累进税率的累进速度快，累进程度高；级距大，累进税率的累进速度慢，累进程度低。

名词7：扣缴义务人

扣缴义务人是指税法规定的，在经营活动中负有代扣税款并向国库缴纳税款义务的单位和个人。扣缴义务人必须认真履行义务，否则应负法律责任。

名词8：税收筹划

税收筹划是指在纳税行为发生之前，在不违反法律、法规（税法及其他相关法律法规）的前提下，通过对纳税主体（法人或自然人）经营活动或投资行为等涉税事项作出事先安排，以实现优化纳税、减轻税负或延期纳税为目标的一系列谋划活动。

名词9：个人所得税源泉扣缴制度

个人所得税源泉扣缴制度，简称PAYE制度，即由雇主按月在付薪日从所支付的工资、薪金中代扣相应的税款并解缴入库，其目的是及时正确地征收税款。

第四章　新个人所得税法改革的经济影响

名词1：税制结构

税制结构又称税制体系，是一国在进行税制设计时，根据本国的具体情况，将不同功能的税种组合配置，形成主体税种明确、辅助税种各具特色和作用、功能互补的税种体系。

名词2：流转税

流转税是以商品或劳务流转额为征税对象的税种的统称。

名词3：税法

税法是税收制度的法律体现形式，它是国家制定的用于调整税收征纳关系的法律规范的总称，纳税人、课税对象、税率、纳税环节、纳税期限、减免税和违章处理构成税法的基本因素。

名词4：主体税种

主体税种是普遍征收的税种，其收入在全部税收收入总额中占较大比重，因而在税制体系中占主要地位。一国税收政策的目标主要通过主体税种的设置和运行来实现。

名词5：累进税率

累进税率是随征税对象数额增大而提高的税率，即将征税对象按数额大小划分为若干等级，对每个等级由低到高规定相应税率，征税对象的数额越大，税率越高。

名词6：税收"自动稳定器"作用

税收"自动稳定器"作用是指税收随经济变动而自动逆向增减，在一定程度上抑制经济波动，促进经济稳定发展。当经济繁荣时，随着国民收入的增加，纳税人和纳税总额也会自动增加，可以自动调节个人收入的增加幅度，从而抑制总需求过热，尤其是在累进税制下，税收收入增长幅度高于国民收入增长幅度时，稳定效果更加明显；反之，当经济萧条时，随着国民收入的下降，税收收入自动相对降低，边际消费倾向和投资随之增加，在一定程度上抑制经济衰退。

第五章　个人所得税改革推动国家治理现代化

名词1：财税体制

财税体制是指政府以税收作为主要财政来源，以实现政府职能的一系列举措和制度。

名词2：累退税

累退税指纳税人的负担率随课税对象数额的增加而递减的税。累退税的课税对象数额越大，负担率越低；课税对象数额越小，负担率越高。

名词3：预扣预缴

预扣预缴方法是一种预先计算扣缴税款的方法，具体指根据个人全年取得的总综合所得收入、专项附加扣除等扣除项目金额，计算其应纳税款。

计算公式为：本期应预扣预缴税额＝（累计预缴应纳税所得额×税率－速算扣除数）－已预扣预缴税额。

名词4：源泉控制

源泉控制亦称"源泉控制法""源泉课税法"，指税务机关对课税对象实行于税源发生地或发生环节进行课税的办法。广义的源泉控制还包括就场征收、起运征收等。

名词5：量能负担原则

量能负担又称"量能征税"，是税收公平负担原则之一，即国家确定每个纳税人（自然人与法人）的税收负担时，应与他们的收入水平和实际负担能力相一致。

第六章 世界个人所得税改革的措施与经验

名词1：免征额

免征额亦称"免税点"，是税法规定课税对象中免予征税的数额。无论课税对象的数额大小，免征额的部分都不征税，仅就其余部分征税。

名词2：超额累进税率

超额累进税率是指把同一计税基数划分为相应等级，分别适用各等级的税率分别计算税额，各等级税额之和才是应纳税额。

名词3：税额抵免

税额抵免是指按照税法规定可直接冲抵应纳税额的一种税收优惠措施。

名词4：反避税

反避税是指政府为了使纳税人的涉税行为符合政府税收立法意图，以及为了依法及时足额征收税款而对避税行为采取的政策措施。

名词5：税负扭曲

税负扭曲指影响经济活动效率进而产生替代效应的税种的税收负担。例如对劳动所得征税会产生闲暇对工作的替代效应，即边际税率提高，人们会偏好闲暇，减少工作时间，单位劳动的供给减少；反之，边际税率降低，会促使劳动的供给增加，产出增长。

参考文献

[1] 刘佐. 新中国个人所得税制度的回顾与展望 [J]. 税务研究，2001（9）：72-80.

[2] 安体富. 当前世界减税趋势与中国税收政策取向 [J]. 经济研究，2002（2）：17-22+91-92.

[3] 刘尚希. 分税制的是与非 [J]. 经济研究参考，2012（7）：20-28.

[4] 贾康，刘尚希，吴晓娟，等. 怎样看待税收的增长和减税的主张——从另一个角度的理论分析与思考 [J]. 管理世界，2002（7）：24-30.

[5] 刘佐. 关于完善我国个人所得税制度的初步设想 [J]. 财政研究，2003（12）：24-26.

[6] 刘尚希，应亚珍. 个人所得税：功能定位与税制设计 [J]. 税务研究，2003（6）：24-30.

[7] 马国强. 中国现行税收优惠：问题与建议 [J]. 税务研究，2003（3）：34-38.

[8] 陈松青. 西方最优税收理论对我国税制设计的启示 [J]. 财经研究，2003（1）：42-47.

[9] 张文春. 个人所得税与收入再分配 [J]. 税务研究，2005（11）：48-51.

[10] 杨斌. 对西方最优税收理论之实践价值的质疑 [J]. 管理世界，2005（8）：23-32.

[11] 王喆，李航星. 用负所得税改造我国最低生活保障制度 [J]. 统计与决策，2006（6）：47-49.

[12] 罗祥轩，安仲文，徐国荣. 对我国个人所得税调节功能的思考 [J]. 税务研究，2006（8）：56-57.

[13] 岳桓宇，黄晓峰，李航星. 人口与养老保险问题的财政角度思考 [J]. 科技信息（科学教研），2007（36）：794.

[14] 汤贡亮，周仕雅. 从税基的视角完善个人所得税制 [J]. 税务研究，

2007（6）：28−31.

[15] 李波. 公平分配视角下的个人所得税模式选择［J］. 税务研究，2009（3）：35−39.

[16] 刘丽坚，姚元. 论税收对个人收入分配的调节［J］. 税务研究，2008（9）：24−28.

[17] 黄威. 关于中国个人所得税改革的研究综述［J］. 上海财经大学学报，2008（4）：92−97.

[18] 潘雷驰. 我国个人所得税调节收入差距效用的实证分析［J］. 税务研究，2009（3）：44−48.

[19] 刘佐. 中国个人所得税制度发展的回顾与展望——纪念《中华人民共和国个人所得税法》公布30周年［J］. 税务研究，2010（9）：3−8.

[20] 贾康，梁季. 我国个人所得税改革问题研究——兼论"起征点"问题合理解决的思路［J］. 财政研究，2010（4）：2−13.

[21] 张斌. 个人所得税改革的目标定位与征管约束［J］. 税务研究，2010（9）：33−36.

[22] 徐晔. 中国个人所得税制度［M］. 上海：复旦大学出版社，2010.

[23] 白景明. 改革个人所得税征收模式面临的三大难题［J］. 税务研究，2011（12）：19−23.

[24] 韩仁月，常世旺. 个人所得税模式转换与征管机制改革［J］. 税务研究，2011（8）：57−61.

[25] 杨卫华，钟慧. 强化个人所得税对居民家庭收入的调节作用——以广州市城镇居民家庭收入为例［J］. 税务研究，2011（3）：36−40.

[26] 崔志坤. 中国个人所得税制度改革研究［D］. 北京：财政部财政科学研究所，2011.

[27] 高培勇，张斌. 个人所得税：迈出走向"综合与分类相结合的脚步"［M］. 北京：中国财政经济出版社，2011.

[28] 岳希明，徐静，刘谦，等. 2011年个人所得税改革的收入再分配效应［J］. 经济研究，2012，47（9）：113−124.

[29] 岳希明，徐静. 我国个人所得税的居民收入分配效应［J］. 经济学动态，2012（6）：16−25.

[30] 费茂清，杨昭，周克清. 公平视角下我国新一轮个人所得税改革评价［J］. 财经科学，2020（7）：66−78.

[31] 刘剑文. 财税法学前沿问题研究：经济发展、社会公平与财税法治

[M]．北京：法律出版社，2012．

[32] 徐建炜，马光荣，李实．个人所得税改善中国收入分配了吗——基于对1997—2011年微观数据的动态评估［J］．中国社会科学，2013（6）：53－71+205．

[33] 李林木．高收入个人税收遵从与管理研究［M］．北京：中国财政经济出版社，2013．

[34] 高培勇．1994年后的财税改革［M］．北京：中国社会科学出版社，2013．

[35] 周克清，毛锐．税制结构对收入分配的影响机制研究［J］．税务研究，2014（7）：24－29．

[36] 蔡秀云，周晓君．我国个人所得税调节收入分配效应研析［J］．税务研究，2014（7）：30－34．

[37] 刘元生，杨澄宇，袁强．个人所得税的收入分配效应［J］．经济研究，2013，48（1）：99－109．

[38] 安体富，朱青．贯彻落实科学发展观与深化财税体制改革研究［M］．北京：中国人民大学出版社，2014．

[39] 高培勇．财税体制改革与国家治理现代化［M］．北京：社会科学文献出版社，2014．

[40] 崔军，张雅璇．个人所得税分项收入的占比结构与税收负担［J］．税务研究，2015（3）：36－43．

[41] 张巍．中国需要现代化的个人所得税——观英德美法个人所得税［M］．杭州：浙江工商大学出版社，2015．

[42] 崔志坤．个人所得税制度改革整体性推进［M］．北京：经济科学出版社，2015．

[43] 张斌．个税改革需要结构优化的视角［J］．小康，2016（9）：24－25．

[44] 彭月兰，王辉．提高纳税人税收遵从度的有效途径［J］．税务研究，2016（11）：105－106．

[45] 杨斌．综合分类个人所得税税率制度设计［J］．税务研究，2016（2）：30－37．

[46] 沈向民，吴健．我国当前个人所得税的劳动供给效应分析［J］．税务研究，2016（2）：53－57．

[47] 陈建东，夏太彪，李江．工资薪金所得个人所得税税率及级距设定探究——以2013年中国家庭金融调查数据为例［J］．税务研究，2016（2）：38－43．

[48] 晏华，夏太彪，陈建东. 个人所得税收入流失率抽样调查［J］. 税务研究，2016（11）：48-52.

[49] 孙健夫. 财税制度改革与财税政策变迁研究［M］. 北京：科学出版社，2016.

[50] 马海涛. 中国财政可持续发展研究——中国财税研究报告［M］. 北京：中国财政经济出版社，2016.

[51] 许建国. 中国个人所得税改革研究［M］. 北京：中国财政经济出版社，2016.

[52] 陈洋. 个人所得税综合税制可行性研究［M］. 北京：中国税务出版社，2016.

[53] 国家税务总局所得税司. 个人所得税法规汇编：2016年版［M］. 北京：中国税务出版社，2016.

[54] 杨斌. 论中国式个人所得税征管模式［J］. 税务研究，2017（2）：30-38.

[55] 刘华，魏娟，陈力朋. 个人所得税征管信息凸显性与纳税遵从关系的实证分析［J］. 税务研究，2017（2）：56-62.

[56] 高培勇，杨志强，王炜，等. 个人所得税改革方案及征管条件研究［J］. 税务研究，2017（2）：38-44.

[57] 袁建国，胡明生，陶伟. 国外个人所得税改革趋势及借鉴［J］. 税务研究，2017（7）：54-58.

[58] 李士梅，李安. 我国个人所得税收入分配调节效应分析［J］. 税务与经济，2017（5）：92-99.

[59] 马蔡琛，苗珊. 各国税制公平改革的最新进展及其启示［J］. 税务研究，2017（4）：8-14.

[60] 马骁，王斐然，陈建东，等. 直接税和间接税对城乡居民消费差距的影响分析［J］. 税务研究，2017（8）：21-27.

[61] 贾康，刘薇. 构建现代治理基础：中国财税体制改革40年［M］. 广州：广东经济出版社，2017.

[62] 曹桂全. 我国个人所得税免征额制度研究［M］. 天津：南开大学出版社，2017.

[63] 岳树民，刘新宇. 我国个人所得税的功能定位与改革［J］. 国际税收，2018（7）：6-10.

[64] 马国强. 个人应税所得的性质、类型与税收型式［J］. 税务研究，2018

（1）：42-52.

[65] 黄凤羽，韩国英，辛宇. 中国个人所得税改革应注重三大关系的协调[J]. 税务研究，2018（11）：29-37.

[66] 宋建英. 进一步完善我国个人所得税专项附加扣除制度的建议[J]. 经济研究导刊，2018（35）：124-126.

[67] 贾康. 个税改革思路和要点[J]. 经济研究参考，2018（48）：16-18.

[68] 高培勇. 中国财税改革40年：基本轨迹、基本经验和基本规律[J]. 经济研究，2018，53（3）：4-20.

[69] 杜萌昆. 中国财税制度改革研究[M]. 北京：中国社会科学出版社，2019.

[70] 楼继伟. 新中国财税发展70年[M]. 北京：人民出版社，2019.

[71] 李琼. 中国个人所得税收入之谜研究[M]. 北京：中国财政经济出版社，2019.

[72] 黄桂兰. 个人所得税的居民收入再分配效应与改革升级研究[M]. 北京：中国社会科学出版社，2019.

[73] 蔡昌. 一本书读懂新个人所得税法[M]. 北京：中国法制出版社，2019.

[74] 朱军，吴健. 中国税制[M]. 南京：南京大学出版社，2019.

[75] 王芬，曹菁. 企业税收实务[M]. 南京：南京大学出版社，2019.

[76] 陈建东，王平，祝遵宏. 我国个人所得税收入主要影响因素分析[J]. 税务研究，2020（2）：51-58.

[77] 张车伟，赵文. 国民收入分配形势分析及建议[J]. 经济学动态，2020（6）：3-14.

[78] 刘成龙，王婷，冯卉. 国家治理视角下我国个人所得税的优化[J]. 税务研究，2020（2）：44-50.

[79] 王玺，刘萌. "互联网+"背景下税收遵从的提高：挑战与对策[J]. 税务研究，2020（7）：58-63.

[80] 刘维彬，黄凤羽. 我国个人所得税的税收负担及其优化[J]. 税务研究，2020（9）：32-40.

[81] 王葛杨. 第三方信息在个人所得税征管中的应用初探[J]. 国际税收，2020（3）：35-39.

[82] 刘海燕. 税收筹划[M]. 重庆：重庆大学出版社，2020.

[83] 马海涛. 现代财政制度建设之路——新中国70年重大财税发展改革回顾与展望[M]. 北京：中国财政经济出版社，2020.

[84] 孙玉栋. "中国之治"背景下的我国税制改革研究 [M]. 北京：中国人民大学出版社，2020.

[85] 高培勇. 新发展阶段的税制建设该往什么方向走 [J]. 税务研究，2021 (5)：11-12.

[86] 李旭红，郭紫薇. "十四五"时期的个人所得税改革展望 [J]. 税务研究，2021 (3)：60-64.

[87] 魏升民. 基于典型化事实分析视角下的提高直接税比重研究 [J]. 税务研究，2021 (9)：25-31.

[88] 景明禹. 鼓励生育的个人所得税政策：国际经验与借鉴 [J]. 税务研究，2021 (10)：48-53.

[89] 石坚，费茂清，陆进. 我国个人所得税年度汇算情况及国际比较 [J]. 国际税收，2021 (8)：46-53.

[90] 马珺. 个人所得税综合所得年度汇算：推进税收治理现代化的中国实践 [J]. 国际税收，2021 (7)：3-8.

[91] 方东霖，杨沛民. 高收入群体个人所得税征管问题研究 [J]. 税务研究，2021 (7)：137-140.

[92] 付伯颖. 国际视角下个人所得税改革趋势评析 [J]. 地方财政研究，2021 (5)：91-98.

[93] 邵华. 新个人所得税从入门到精通：政策解读+纳税申报+减免计算+案例实操 [M]. 北京：清华大学出版社，2021.

[94] 徐全红. 文明变迁与中国税收制度演变 [M]. 北京：社会科学文献出版社，2021.

[95] 詹莎莎. 宏观经济视角下个人所得税比较与预测研究 [M]. 北京：新华出版社，2021.

[96] 刘尚希. 促进共同富裕：应从流量和存量两个维度入手 [J]. 地方财政研究，2022 (1)：4-6.

[97] 李本贵. 关于我国个人所得税改革的几点思考 [J]. 税务研究，2022 (2)：61-66.

[98] 庞凤喜，涵默. 优化个人所得税 提升自然人直接税贡献 [J]. 税务研究，2022 (2)：45-52.

[99] Gruber J, Saez E. The elasticity of taxable income：evidence and implications [J]. Journal of public Economics，2002，84 (1)：1-32.

[100] Juan M C, Jorge O, Raquel P. Evaluating social welfare and

redistributive effects of Spanish personal income tax reform [J]. Applied Economics, 2004, 36 (14): 1561−1568.

[101] Tajika E, Yashio H. The role of personal income tax to mitigate widening income inequality: the case of Japan [J]. Journal of Income Distribution, 2007, 16 (3): 55−70.

[102] Kim K, Lambert P J. Redistributive effect of U. S. taxes and public transfers: 1994−2004 [J]. Public Finance Review, 2009 (37): 3−26.

[103] Shin I. Income inequality and economic growth [J]. Economic Modelling, 2012, 29 (5): 2049−2057.

后　　记

本书为四川省社会科学规划项目（普及项目）"个税改革知多少"的研究成果，从提交项目申请书至完成结题报告再到出版交稿已历经三年多的时光。三载春秋，抗疫艰苦卓绝，众志成城；我们师生坚持教学科研，与个人所得税改革同行，回望来路，即使受到疫情的影响，研究写作一直在多方的帮助与关怀下持续推进。本书凝结了我和课题组的探索思考，如果能够为个人所得税的传播普及和改革优化尽微末之功，则首先应归功于提供了大力支持的四川大学经济学院、四川省社科联、四川大学出版社以及学界、实务部门的领导和众多同仁。

2019年3月，我指导2018级财政学硕士研究生张旭、付海芸、叶鑫组成研究小组，申请四川省社会科学规划项目（普及项目）"个税改革知多少"，期望向社会传播普及2018年新个人所得税改革，使纳税人更多了解新个税改革的内容和作用，增强税收遵从。项目申报成功后，王欢、张媛、田千可（2019级），朱建萍、邹汶珍、凌潇（2020级），李杨鑫、王钦、余丹（2021级）三个年级财政学研究生陆续加入课题小组，张旭、王欢、朱建萍、李杨鑫为各年级协调组织者；其间，我指导的税务专硕和MPA十余位研究生也参与了有关工作，在此，也谢谢李佳怡同学的参与。课题围绕我国历次个人所得税修改的纵向变化梳理、新个人所得税改革的原因及效应分析、未来我国个人所得税发展路径展望分析等方面进行研究，于2021年6月提交结题报告。为将报告传播给更广泛的读者，在经济学院领导支持下，于2021年12月开启书稿撰写工作，在结题报告基础上，多次进行文本框架调整、内容增减梳理、文稿修改等工作，力求可读性、趣味性与学术性的统一。

置身百年未有之大变局的深刻变化时代，国际政治经济复杂多变，世界经济与贸易格局大调整，如何通过个人所得税改革，更好地发挥个人所得税再分配职能，提升社会整体福利水平等仍是需要进一步探究的问题。在研究技术层面，个人所得税数据大多为宏观数据，目前微观数据较为缺乏，定量精准研究难度大。但是随着个人所得税 APP 等技术的成熟与广泛运用，个人所得税数据的搜集与公布也会更加精确与完整，这为日后我国个税的定量研究提供了便利；对个人所得税运行进行更加深入、实际的分析，探索个人所得税改革对策措施尤为重要。

  本书可以说是近几年带领这几届研究生进行教学科研的一个纪念，是同学们大力协助我共同完成的。浸润其间的酸甜苦辣值得回味，只愿每一位参与者有好的体悟和收获，获得更好的发展。

  中国个人所得税改革还在路上，我们深知，本书尚有许多不尽如人意之处；道阻且长，行则将至；行而不辍，未来可期。2018 年的新个人所得税改革将在共同富裕目标的指引下，响应时代要求，不断改革完善，不负时代使命。

李航星
2023 年 2 月于成都